新版

厳選 紅茶手帖

新版 厳選紅茶手帖 CONTENTS

インド INDIA

ネパール NEPAL

スリランカ SRI LANKA

アフリカ AFRICA

中国 CHINA

日本 JAPAN

column

新版 厳選紅茶手帖 本書の特徴と使い方

○ ダージリンなど老舗産地から新興産地のネパールまで、注目の茶園をエリア別に紹介。

○ 紅茶の茶葉と水色《すいしょく》が一目瞭然でわかる紅茶図鑑。

○ クオリティシーズン違いの垂直飲み、同一シーズン、銘柄違いの水平飲みなど、今までにない視点。

○ 世界のブランド缶紅茶の歴史が早わかり。

○ セレクトティーショップで最新のベストバイ銘柄など。

○ 紅茶力を上げるいれ方を伝授。アイスティー、チャイなどのレシピを公開。

○ 紅茶用語や産地が簡単にわかる「用語集」つき。

○ コンパクトにわかる製造元・販売店データなど、飲みながら楽しめるコラムがいっぱい!

インド、ネパール、スリランカ、アフリカ、中国、日本のエリアに分け、地域別に茶園を紹介しています。

茶園の紅茶の特徴を短い言葉で説明。

国立公園の隣、
象が頻繁に遊びにくる有機栽培の茶園

ハティクリ茶園
HATHIKULI TEA ESTATE

インド・アッサム ＊ INDIA, ASSAM

世界遺産のカジランガ国立公園に隣接し、公園から象がしばしば訪れることから、象「ハティ」が、頻繁「クリ」に通う意味の茶園名だ。動物たちのために、有機農法に切り替えた。ジャングルのハーブから抽出する調合剤や、虫によって作られた肥料などを使う、独自の有機栽培農法を実践。微生物が棲む土、土から育つ植物、植物を食べる動物、全てが互いに関連し合う環境作りに力を入れる。2013年には、有機JAS認定も取得。CTC茶だけでなく、リーフティーも作っている。

オーガニック・アッサム紅茶 オーソドックス

力強い発酵により香りは芳醇で、やわらかい渋味とコクがある。ミルクを加えても、ストレートでも美味しい。

[摘み採り時期] 通年　[茶樹] アッサム交配種
[グレード] TGFOP　[値段] 1296円/100g
[色] 暗赤褐色　[香り] 芳醇
[味] まろやか
ストレートティー、ミルクティー
500mℓ　5g　3分

創業：1908年／標高88m／茶園面積475ha
エリア：Golaghat, Assam／有機JAS認定取得
DATA 問い合わせ先：Makaibari Japan　http://www.makaibari.co.jp/

89

茶園名と、国名、エリア名を、日本語と英語で併記。場所が想像できるミニマップつき。日本語表記は、基本的に取扱店が指定する音読に統一しています。

茶園の特徴と、地理的・気候的なデータ。歴史的な背景に、茶樹栽培や製茶法などへのこだわり、銘柄の味と香りの傾向など、茶園の情報と豆知識を、まとめて紹介。

銘柄名を表記し、紅茶の香りと味わい、水色の特徴をわかりやすくまとめ、茶葉と水色の写真を紹介。紅茶の水色はすべて同条件で撮影。茶葉3g、湯量200mℓ、2分間で抽出しています。

摘み採り時期、茶樹の種類、グレード、税込み価格、色、香り、味などデータを掲載。

取扱店が推奨する、飲み方を紹介。

…… おすすめの飲み方
…… 推奨する抽出の湯量
…… 推奨する抽出の茶葉量
…… 推奨する抽出時間

茶園の住所、標高、有機JAS認定取得の有無など基本データと、取扱店および連絡先を掲載。

＊紅茶は農産物加工品のため、収穫時期により、価格は変動し、品切れすることもあります。

紅茶力をあげる、いれ方の基本

STRAIGHT TEA

「量」「温度」「蒸らし時間」が味を引き出す3本柱

1

ティーポットとカップを温める

ポットとカップに熱湯を注ぎ、温める。においと埃もとれて一石三鳥。お湯は違う器に移すたびに温度が10℃近く下がるため、ポットとカップを熱湯で温めておく。

2

茶葉を正確に量り、ポットにいれる

ダージリン春摘みの1st Flushなら3〜4g、夏摘みの2nd Flushは3g、アッサムは3g、これがお湯300mℓ（約2カップ分）目安。茶葉1gに対して湯、約100mℓと覚える。

＊茶葉は湿気を吸いやすいので必ず密閉容器で保存する。（P28参照）

■正確に計量する

0.1gが計量できるはかりがあれば正確だが、ない場合は小さじ（5mℓ）かティースプーンで量る。（詳しくはP8-9参照）

3

沸騰した湯をポットへ注ぐ

水道の蛇口から勢いよく水を流し、空気を含んだ新鮮な水をヤカンに注ぐ。強火にかけ、大きな泡がボコボコという状態にまで沸騰させる。温め用のポットの湯を捨て、茶葉を入れてヤカンから熱湯を注ぐ。香りを立たせるには高温が必要！

取材協力／山田 栄（リーフル）

4 茶葉をしっかり蒸らす

ポットに蓋をし、それぞれの茶葉の形状やグレードに合わせた時間で蒸らす。蒸らし時間はホールリーフで5〜6分、ブロークンリーフで3分、CTCなら2〜3分、ダストは30秒〜1分が目安。

5 ひと混ぜする

茶葉が開き、底に沈んでいるか確認。蒸らし終えたら、ポットの蓋を開け、スプーンで底からやさしく混ぜる。味の成分はポットの底に沈むため、混ぜて濃度を均一にする。味見して、もう少し濃くしたいときは、さらにおいて様子をみる。

6 均等にカップに注ぐ

温めたカップに、茶こしを使って注ぐ。カップが複数あるときは、濃度と水色が均等になるよう、分けて注ぐ。「ベストドロップ」と呼ばれる最後のおいしい一滴まで注ぐこと。熱すぎると紅茶の味がわかりづらいが、少しおいて70〜75℃で飲むと、香りや甘味、旨味など紅茶の奥行きある味がよくわかる。

なぜ水道水か？

ペットボトルの水は空気が少なく、加熱殺菌処理されたものも多い。硬度が高い水はミネラル分が多く、味や香りが引き出しづらくなる。水道水が心配なら浄水器をつける。（紅茶に向く水については10ページで詳しく→）

沸騰した湯、ただし例外も

発酵がそれほど強くないダージリンのシルバーチップなどのデリケートな茶葉は、湯温を少し下げた方がおいしくいれられるという説も。茶葉により、温度は様々であり、温度と時間は比例すると覚えておこう。高温でスピーディに抽出か、低めでじっくり抽出か。それにより抽出される成分も微妙に異なる。紅茶は原産国、クオリティーシーズン、発酵の強弱、茶葉の形状も様々。紅茶のいれ方はひとつではない！ 水、温度、茶葉の量や抽出時間など、自分なりに工夫して、おいしさを追求してみるのも楽しい。

茶葉は正確に計量しよう

茶葉を量るときによく使われるのがティースプーン。じつは主に茶葉の形状によって、同じ1杯でも正味量が異なるので、注意が必要だ。そこで実際にいれる機会の多い主要な茶葉、ホールリーフ、ブロークンリーフ、ファニングスの3種類について、実際にティースプーン(5mℓ)で2gずつ量り、原寸大でご紹介。目安として覚えておこう。

2gの量を原寸大で比較

Whole Leaf

ホールリーフ

真上から。あふれるほどの大盛りが目安。

真横から。
限界まで盛って、ようやく2g。

Broken Leaf

ブロークンリーフ

真上から。自然にすくった中盛り1杯。

真横から。
無理しないぐらいの中盛り。

Fannings

ファニングス

真上から。隙間なく小盛りで1杯。

真横から。
すりきりよりも少し多めの小盛り。

紅茶に向く水

軟水か硬水か

軟水とは、水1リットル当たりに含まれるミネラルが少ない水のこと。そのまま飲むと口当たりがなめらかで飲みやすい。味をよく引き出すので、昆布やかつお節など出汁《だし》をとるにも、米をふっくら炊くにも最適。日本料理は軟水が作る味だ。

一方、ヨーロッパの水はミネラルが多い硬水で、口当たりが重く、クセがある。食材を硬くするので、肉や芋、豆など煮崩れしにくく、灰汁《あく》が出やすい。ご飯はパラッと仕上がり、パエリアや炒飯に向く。海外のミネラルウォーターは、ごく一部を除いてほとんどが硬水で、日本の水は、水道水も市販の水もほとんどが軟水だ。

紅茶の本場、英国の水は硬水

「紅茶をいれるのは軟水が良い」と英国王立化学協会が2003年に発表を行った。“軟水でいれた紅茶の方が、茶葉の特徴がよく味わえる”という研究発表だったという。

硬水で紅茶をいれると、ミネラルがタンニンと結合する。その結果、不溶化して油膜ができ、水色《すいしょく》は黒ずみ、味わいは鈍く重く、妙な酸味も出る。

一方、軟水でいれた紅茶は、水色は淡く透明感があり、香りも味もよく引き出される。

英国でおなじみの飲み方、ミルクティーは、硬水でもおいしく紅茶を飲む工夫といえる。濃いめにいれた紅茶にミルクを加えることで、風味がグッとまろやかになる。「英国の紅茶がうまい」という人はそこに魅力を感じているのかもしれない。

軟水でいれた紅茶は、茶葉そのものが持つ本来の香りと味が引き出され、甘味、爽やかな渋味な

●硬水と軟水の基準　一般的な基準とWHO（世界保健機関）による基準

		一般的な基準	WHOによる基準
軟水	軟水	0～100mg/ℓ未満	0～60mg/ℓ未満
	中程度の軟水	－	60～120mg/ℓ未満
硬水	中硬水	100～300mg/ℓ未満	－
	硬水	300mg/ℓ以上	120mg/ℓ以上

※1リットル当たりのカルシウムイオンとマグネシウムイオンの炭酸カルシウム換算量

どグラデーションあるメリハリがきいた味に仕上がる。特にダージリンなど繊細な高級茶葉をストレートで味わうには、軟水に限る。日本は水道水が軟水なので、そのままでいいのが嬉しい。日本ほど新茶を喜び、お茶の種類が多い国もない。ことお茶の味にうるさいのは、この軟水の恵みといえるだろう。

味わいに影響するpH

紅茶に向く水については、諸説あるが、近年は、硬度の違いよりもpHの違いが味わいに影響する、と考える傾向もある。

日本の水道水は一部の簡易水道を除き、ほとんどの地域は硬度100未満であり、先に紹介したように、硬度の面から見て紅茶をいれるのに問題はないレベルといえよう。しかし、実はEUなどの硬度300程度の硬水でもおいしくいれられる。つまり、硬度は意外に守備範囲が広いのである。

一方、pHに着目してみると、pH7前後の中性〜弱酸性の水を使うと、紅茶をおいしく味わえることがわかってきた。日本の水道水の水質基準値は、pH5.8〜8.6なので、紅茶をいれるのに適した水といえる。

ただ、pHは数値1程度の差であっても、水色や味に違いが出るので、できればpH6に近い水を使うのがおすすめだ。硬度の守備範囲の広さに比べると、pHは水を選ぶときに、より注意を払いたいポイントなのだ。

市販のミネラルウォーターを使う場合も、ボトルに表示されている硬度やpHの確認を。いろいろな水を試して、自分のベストな“紅茶に向く水”を見つけよう。

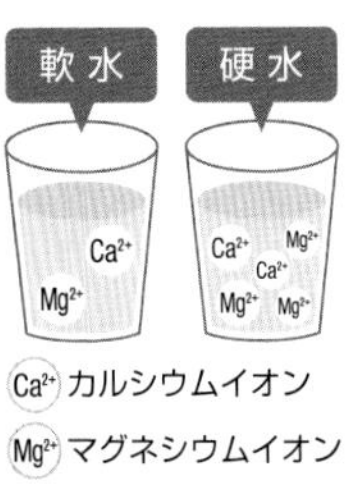

●世界の水　軟水、硬水分布グラフ（硬度mg/ℓ）

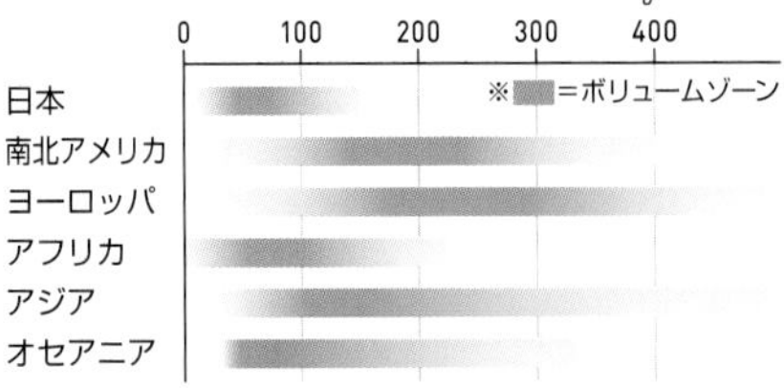

ティーポットの選び方

紅茶は緑茶や中国茶のように何度も湯を注いで飲むいれ方でなく、1回のポットで完結する飲み方。香りと味を引き出すため、沸騰した湯を人数分注ぎ、おいしい成分を1回のポットで出しきる。ポットは飲む量に合った容量サイズが必要となる。

素材でいえば、薄手の白い磁器製ポットは、紅茶の色が美しく映え、上等な茶葉を丁寧にいれて飲むのにふさわしい。お揃いのカップがセットで揃うものが多く、エレガントなティータイムには最適。

その逆に、厚手でぽってりとした陶器製ならば冷めにくい良さがある。濃い色なら茶渋も目立たず、普段使いで楽しみたい人に向く。一

ポット選びは
保温性、蒸らしやすさ、注ぎやすさ、洗いやすさ、
テーブルにおいて楽しいこと！

磁器

高温で焼き上げた
白くツルツルとなめらかな肌が持ち味の磁器。
エレガントな表情を演出し、紅茶の色が高貴に美しく映える。

シェール ブラン ティーポット

製品サイズ：胴径約11㎝×全径約18.5㎝×高さ約12.4㎝（蓋含）、重量：約255g、容量：約510㎖（満水）、材質：ファインポーセレン、食洗機対応、8800円

問い合わせ先：株式会社ノリタケカンパニーリミテド
0120-575-571　https://tableware.noritake.co.jp/

方で、ガラス製は茶葉が開く様子や、水色の変化が見えて楽しめる。香りもつきにくく、フレーバーティーを飲む人にも好適。

注意したいのは鉄製ポット。紅茶の色を黒く、味も鈍くする(銀製、ステンレスはOK)。ポットを長く使ううえで外せない条件は、洗浄が簡単なこと。清潔さが守られることで繊細な茶葉の味と香りが守られる。そして、蓋がきちんとしまること(カップに注ぐ途中で、蓋が落ちると悲しい)。そしてチェックが必要なのが注ぎ口だ。液体がもれることなく、最後の一滴までまっすぐきれいに注げる機能性が必須条件。

これらの条件を備えているのは、老舗食器ブランドのロングセラー商品。長い年月の間に改良されたポットには、素晴らしい技術の裏付けがある。

そして何よりテーブルにあると楽しいこと! これがポット選びでは一番大切かもしれない。

ガラス 葉が開く様子や、色の変化が見えて楽しい。香りがつきにくく、他のお茶と使い回しもできる。

ジャンピングティーポット
製品サイズ：
幅19.5×奥行12×高さ12.5cm、
容量：500mℓ、耐熱ガラス、
4400円
問い合わせ先：HARIO株式会社
0120-398-207 https://www.hario.com/

陶器 ぽってりとした厚手の陶器は温まると冷めにくい。色が茶色なら、茶渋が目立たない。ほのぼのとした味が魅力の英国製。

ブラウンベティー・ティーポット
製品サイズ：胴径約13cm×
全径約20cm×高さ14cm、
重量：約350g、容量：600mℓ、
5500円
手作り品のため形状・重量に差がある。
問い合わせ先：有限会社 オックスフォードタイム
042-724-5581
https://www.rakuten.ne.jp/gold/oxford-time/

CHAI / MASALA CHAI

紅茶を煮出した濃縮液と
ミルクを合わせるのがコツ

材料（1人分 出来上がり約180mℓ）

- チャイ… 紅茶（アッサムCTC）小さじ山盛り1杯（約3g）以上。（ティーバッグなら2袋）
- 牛乳または豆乳…1カップ（200mℓ）

＊マサラチャイは、チャイの材料に加え、好みのスパイス（シナモン、カルダモン、ナツメグ、クローブ、黒胡椒、生姜などを細かくしたもの）を用意。

作り方

1 小鍋に茶葉を入れ（マサラチャイはここでスパイスも入れる）、茶葉がひたひたにかぶる少し上まで水（分量外）を注ぐ。中火で加熱し、沸騰したら火を止め、蓋をして3分ほど蒸らす。

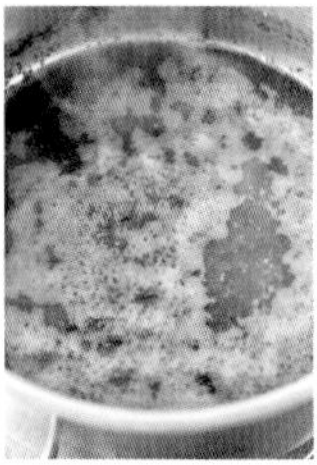

2 1に牛乳（または豆乳）を注ぎ、弱火でゆっくりと、底を焦がさないよう混ぜながら煮出す。泡がぷつぷつと立ち、沸騰しそうになる直前で火を止める。蓋をして3分ほど蒸らす。味をみて、もっと濃くしたいときは弱火で加熱して煮詰める。

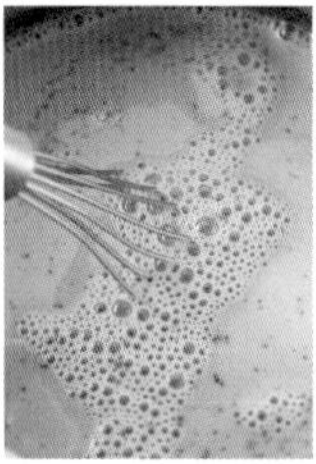

3 茶こしを使ってカップに注ぐ。好みで甘み（蜂蜜、メープルシロップ、てんさい糖、黒糖）を加えて飲む。シナモンパウダーや生姜おろしをトッピングしても。

＊軽い味が好きな人は水の割合を増やす。
＊牛乳は低温殺菌、豆乳はオーガニック無調整がおすすめ。
＊鍋は大きめで。沸騰するとあっという間に噴きこぼれるため、余裕のあるサイズを。

チャイに適した紅茶・アッサムCTC

インドのチャイは、味が濃く出るアッサムCTCを使うのが定番。茶葉は小さく丸まった粒状で、じつはこのCTCがインドで最も生産量が多い。

アッサムの葉は、長さ30cmにもなる大葉で、それを短時間で製茶できるのがCTC製茶法。CTCとは、「Crush Tear Curl」の略で、「押しつぶす、引き裂く、丸める」という独特の工程を専用の製茶機械を使って仕上げる。茶葉の細胞組織を押しつぶすことで、短時間で味と香りが強く抽出でき、牛乳や、マサラを入れて煮出すチャイにぴったり合う。大量生産でき、値段も安いとあって、インドの紅茶は、今もストレートではなく、ミルクで煮出したチャイが主流だ。

最初に水だけで煮出す理由

先に牛乳を入れると、タンパク質や脂質が茶葉の表面を包み、茶の香りと味が出づらくなるため。葉量も多く必要になり、煮出す時間もかかる。

あらかじめ少量の水で煮出し、紅茶の濃縮液を作っておくイメージ。紅茶の個性が引き出され、お茶の味も薄まらず、おいしくできる。

column 1

チャイとは

日本でチャイというと、スパイスが香る煮出したミルクティーと思う人が多いかもしれません。ですが、本来チャイとは「茶」を意味する言葉。世界各国それぞれで飲み方が変わり、ミルクティーとは限りません。

紅茶の本場インドのチャイは、ポットではなく、鍋やヤカンで煮出すミルクティー。茶葉を水で煮出し、ミルクを注いで煮出し、さらに砂糖をたっぷり入れるのが定番です。とても甘いので小さな器で飲みます。

インドの定番チャイはミルクと砂糖だけ。スパイスが入ったものは、スパイスを意味するマサラをつけて、マサラチャイと呼びます。

なぜこの飲み方が定着したのでしょう？

その昔、品質の良い紅茶は輸出用。国内では規格外のダストと呼ばれるクズの茶葉しかなく、おいしく飲むために工夫されたとか。

インドの朝は、この甘いチャイからスタート。会社には必ず「ティーボーイ」と呼ばれるチャイ提供係の少年が常駐し、仕事中もチャイを飲みます。屋台や路上にもチャイ屋があり、家でも外でも、1日中、何度も飲むのがインドの紅茶の日常です。

MILK TEA

濃くいれた紅茶と
あたためたミルクを
合わせておいしく

作り方

1 茶葉をやや多めに使い、きちんと
高温で蒸らす。しっかりと濃いストレートティーをいれる。

2 ミルクを60℃程度にあたためて、**1**と合わせる。冷たいままのミルクでもよいが、
あたためたほうが紅茶の温度が下がらず、おいしく飲める。

column 2

英国のミルクティー論争
MIFかMIAか

英国のミルクティーは、煮出さず、ストレートティーにミルクを加える、ティーウィズミルクが一般的。英国の水は硬水なので、紅茶をいれると水色が黒くなり、味も鈍くなる。そこで、ミルクを加えるのだが、その加え方が一筋縄ではいかないため、130年間も論争になっている。

ミルクを先に入れるMIF（Milk In First）、ミルクを後から入れるMIA（Milk In After）、どちらがおいしいか。この難問について、英国王立化学協会が、2003年にMIFを推奨した。ミルクに紅茶を加える方が、ミルクの温度が急上昇しないため、含まれているタンパク質の熱変性が抑えられ、紅茶がおいしく飲めるということだ。これで決着がついたかと思いきや、その論証を巡って、いまだに英国では論議が続いているという。

ちなみに、ミルクティーに向く紅茶は、水色が濃く、味わいもしっかりした、アッサムやケニアのCTC製法茶や、ディンブラやキャンディのBOP茶などがお勧め。またアールグレイも、ベルガモットの香りがミルクと合う。

牛乳は、ノンホモジナイズドの低温殺菌牛乳を使うと、高温によるタンパク質の劣化変性がないため、風味が良くなる。

要は好みも大きい！

column 3

アッサムCTC紅茶は
チャイやミルクティーにピッタリ！

オーガニック スパイス チャイ用

バイオダイナミック農法で栽培された5種のスパイスをブレンドし、粗挽きにしたもの。本場インドのチャイが簡単に楽しめる。目安は茶葉の半分の量。

原材料：有機クローブ・カルダモン・生姜・黒胡椒・シナモン（スリランカ産）
30g 648円

問い合わせ先：Makaibari Japan https://www.makaibari.co.jp

有機チャイティー

ウバ産の有機栽培紅茶と5種の有機スパイスをブレンド。これだけでスパイシーなチャイが楽しめる。カルダモン、クローブの爽やかな香りが特徴。生姜も入り身体が温まる。寒い時期、冷房対策にも重宝。

原材料：有機紅茶・シナモン・カルダモン・生姜・胡椒・クローブ（スリランカ産） 30g 410円

問い合わせ先：リマコーポレーション http://www.lima.co.jp

大きな樹は日よけであり、茶葉の乾燥用の燃料になる。

Fair Trade農家の皆さん。現地の気候風土を活かし無農薬でお茶とスパイスを栽培。

茶葉の揉捻風景。この工場は日本式5Sが徹底されどこも清潔。

BIOFOODSの茶畑。茶樹以外に各種ハーブ、香辛料が混植されている。

コショウの蔓。香り高い一級品。

Fair Trade農家の天日干しクローブ。

ICE TEA

お湯と水を上手に使った新手法！
ハイブリッド・アイスティーがおすすめ

熱湯で茶葉を殺菌し、香りを引き出してから水出しすることで、安全で香り高くおいしいアイスティーが作れる。画期的なハイブリッド・アイスティーの作り方を編み出した「テイスティー」の山口高史さんに教わった。

作り方

1 清潔な耐熱ガラス製の冷水ポット（1000mℓ）に、ティーバッグ（10g）を入れる。ティーバッグの量は、冷水ポットの容量に合わせて調整する。
沸騰した湯を茶葉がひたるぐらい（150〜200mℓ）注ぎ、60〜90秒蒸らす。

＊茶葉の量の目安は、1000mℓ容量の場合10g、ダージリンであれば12g。

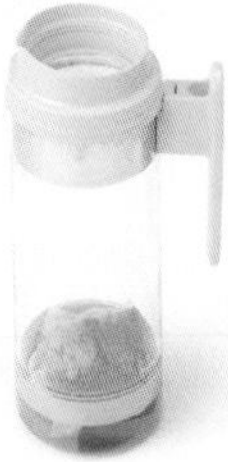

2 **1**に水を注ぎ、ポットを満たす。そのまま好みの濃さになるまで常温で置く。室温25℃以上の場合、20〜40分ほどで茶葉が開くので、菜箸などでポットの中を軽く混ぜ、濃度を均一にして試飲してみる。

＊長く放置しすぎると、冷やしたときにクリームダウンが起こるので注意。
＊硬水は抽出に時間がかかり、クリームダウンの原因にもなるので注意。

3 好みの濃さになったら、ティーバッグを取り出し、冷蔵庫で保管する。

＊熱湯で滅菌することで、水出しに比べ、ある程度腐敗を防ぐことができる。滅菌した密閉容器に移し替えて、冷蔵庫で半日程度保管すると、さらに香りが増すが、長期間の保存は再び雑菌が繁殖する可能性があるので、早めに飲みきること。

水出し紅茶よりも安心な理由

一般的な紅茶は雑菌が多く、水出しすると時間がかかり、腐りやすく日持ちがしない。そこで熱湯で殺菌しつつ、香りを引き出し、かつ水出しすることでクリームダウンも防ぐことができるハイブリッド・アイスティーを考案したのが「テイスティー」の山口高史さんだ。「厚生労働省の資料によると、加熱を十分に行うことで、もし食中毒菌がいたとしても殺すことができます。目安は、中心部の温度が、75℃で1分間以上加熱することです。また熱湯を注ぐことで、紅茶の香りの成分も抽出されやすくなりますし、水出しすることでクリームダウンも起こりにくくなります」

マスカテルダージリンtasteabag 6g×4個 1000円
問い合わせ先：tastea http://tea-auction.net/

オン・ザ・ロック アイスティー

濃いめに抽出した熱い紅茶液を、たっぷりの氷を使って一気に冷やす。キレがあるしっかりとした味わいで、琥珀色が美しいアイスティーが楽しめる。

材料と作り方

- 茶葉 7.5g、または同量のティーバッグ
- 熱湯 250ml

あらかじめ温めた容器に、茶葉と熱湯を注ぎ入れ、ホットティーを作る。そのまま飲むときよりも、気持ちやや少なめの時間で蒸らす。蒸らしすぎるとアイスティーの濁りの原因になる。たっぷり山盛りに氷を入れた器に、熱い紅茶を注ぐ。

クリームダウンとタンニン

アイスティーなど紅茶を冷たくしたときにおこる白く濁った、ミルクを入れたような状態を「クリームダウン」という。茶葉のタンニンとカフェインが結合しておこる不溶化現象。冷水で時間をかけていれるか、熱い紅茶を氷で急冷したり、硬度の低い軟水を使うと出づらくなる。

ちなみに、お茶のポリフェノールのほとんどがタンニンで、そのタンニンのほとんどがカテキン類である。ポリフェノール、タンニン、カテキンは身体の調子を整える働きがある「機能性成分」を持つといわれている。

TEA BAG

ティーバッグ おいしいいれ方

1 基本はP.6と同じ。くみたての水を沸騰させ、ポット or カップに熱湯を注いで温めて、捨てる。

2 必要量の熱湯をポット or カップに注ぎ、ティーバッグを入れる。ティーバッグを入れた後で湯を注ぐと、勢いでタグが中に入ってしまう。

3 蓋をして蒸らす。時間はCTCやブロークン茶葉で1〜2分。アンカットリーフなら5〜6分が目安だが、商品の指示通りに。

4 紅茶エキスは底にたまるので、ティーバッグを上下左右に振って、なじませてから出す。もったいないからとバッグを搾ると余計な渋味、濁りの原因に。

＊ミルクティーで飲むときは、湯量を1〜2割減らし、濃くするとおいしい。

＊品種の違う紅茶やハーブなどティーバッグをブレンドするのも面白い。

COOL TEA

1 温めたカップにカップ半分の沸騰湯を注ぎ、ティーバッグを入れて蓋して蒸らし、濃いめに出す。甘くしたければこの時、はちみつなどの甘味料を加える。

2 グラスに氷をぎっしり入れ、1 を注いで急冷する。

＊好みでミント、レモン、ミルク、ブランデー、ウイスキーなどをプラス。

HOT TEA

■ ティーカップでおいしくいれる

1杯分の紅茶が手軽に飲めるティーバッグ。コツは沸かした湯を冷まさないことと、しっかり蒸らすことにある。商品により茶葉の量が違う。茶葉1gに熱湯100mℓが目安だ。

コツは3つ

1 沸騰湯を使う
2 先に湯、その後ティーバッグ
3 蓋をして蒸らす

■ 意外と便利な計量カップ

ティーバッグの茶葉はカップ1杯分で計量してある。ただ、マグカップには300mℓ以上がゆうに入るものが多い。紅茶の味が薄く感じるのは湯量に原因がある場合も。そこで湯量が正確に量れ、水色もわかって、片口で注ぎやすく、意外に便利なのがガラスの計量カップだ。蓋は小皿、ラップ、ヤカンの蓋など口径が合うものを利用する。

TEA BAG

高級茶葉が続々誕生！
プレミアム ティーバッグ

手軽で安い、味はその次!? なイメージがあるティーバッグ。だが、最近は最高級茶葉を詰めたプレミアム商品が続々登場。FTGFOP-1Sグレードのシルバーティップスを詰めたり、ダージリンディージェーワンをアンカットリーフで詰めたものまである。おいしい＝簡単＝最高！が実現するティーバッグ。今、素材、形も進化中だ。ティーバッグ「力」を活かして楽しむ方法を紹介する。

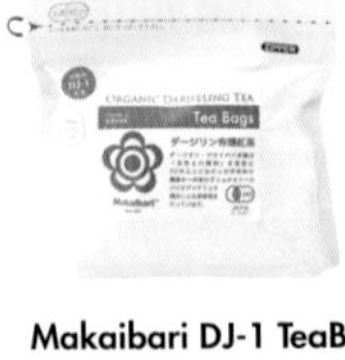

Makaibari DJ-1 TeaBags
有機JAS認定ダージリン紅茶
アンカットリーフの大きな茶葉ゆえ、テトラ形のナイロン繊維で包んだティーバッグ。じっくり時間をかけて蒸らすと本領発揮。春摘み紅茶の「初摘みDJ-1」1st Flush Vintage FTGFOP-1S アルミパック入り2g×16個1944円

 問い合わせ先：Makaibari Japan https://www.makaibari.co.jp

3月に摘まれた初摘み紅茶「DJ-1」*を茶園から空輸で日本へ直送。香り、味ともにエネルギッシュな1st Flush。ティーバッグ用でも茶葉を粉砕せず、アンカットリーフのままパック。茶葉の美しい姿とおいしさが楽しめる。茶園主いわく「なるべく人間の手を加えず、茶葉本来の形を残す方が、香りも味も際立って良くなる」。

＊ DJ-1《ティージェーワン》とは、その年度、茶園で最初に出荷された紅茶。

ティーバッグ 誕生は100年前！

アメリカの茶卸商トーマス・サリバンが、紅茶の茶葉見本を客に送るのに絹袋を使い、受け取った客が熱湯で試したのがきっかけという。絹からガーゼへ、形状も改良され1908年に商品化。1920年代にはアメリカで一般販売。1947年にドイツで自動包装機械が開発され、大量生産が可能となり増産体制へ。1950年代にイギリスで、その後、日本で販売。絹からガーゼ、紙からナイロン、封筒形からテトラ形へと進化中。

茶葉が広がる　テトラ形

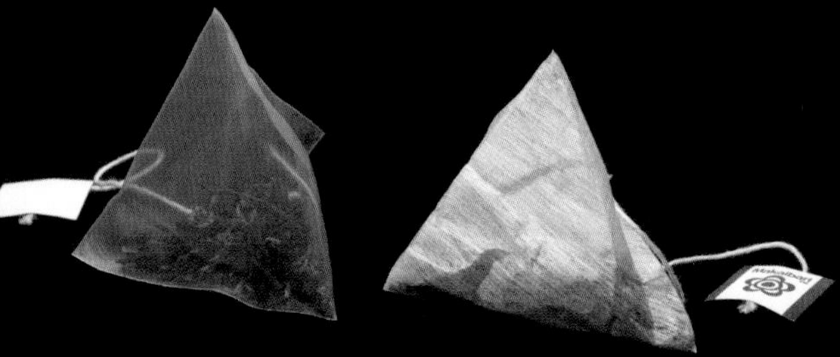

アンカットリーフに最適。茶葉がよく広がる。素材は不織布、ナイロン、植物性由来のエコ（土に埋めると加水分解し、微生物の力で生分解）など様々。

細かい葉をコンパクトに包む　封筒形

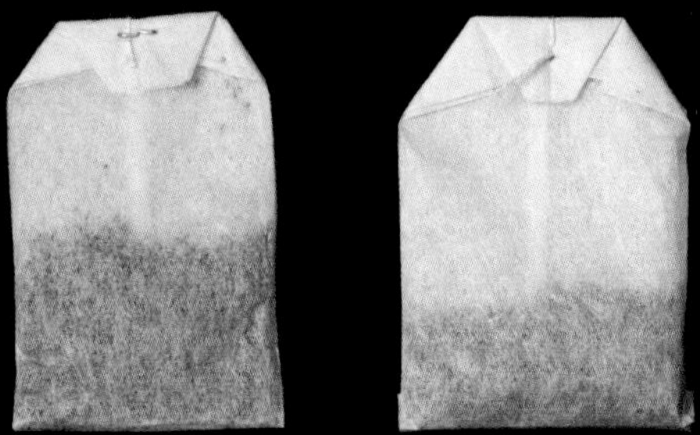

リーズナブルなティーバッグに多い封筒形。最近は紙臭が減り、抽出に向くように形も工夫。電子レンジ対応を意識しステープラー留めしない商品も。

ダージリンが茶園ごとに楽しめるティーバッグ

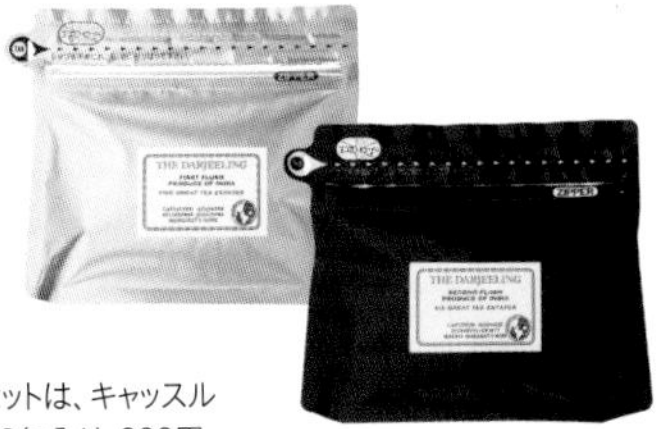

ダージリンのおいしい茶園を厳選したティーバッグセット。お気に入り茶園を見つけたい、テイスティングしたい人に最適。タグに茶園名が入って見分けも簡単。外袋はジッパーになっていて保存にも便利。

左:ダージリン1st Flush 4茶園ティーバッグセットは、キャッスルトンなど4つの茶園の茶葉3.6g×2包ずつ、計8包入り、800円。
右:ダージリン2nd Flush 6茶園ティーバッグセットは、3.4g×2包ずつ、計12包入り、1200円。それぞれの茶園や茶園数(4〜6茶園)、価格は、その年の入荷状況により変更の可能性あり。

問い合わせ先:THE DARJEELING https://www.the-darjeeling.com/

マグカップと電子レンジで作れるミルクティーバッグ

マグカップと電子レンジで、手鍋で煮込んだような濃厚な味わいを楽しめる、ミルクティー専用のティーバッグ。ティーバッグひとつに茶葉はたっぷり5g入り。容器に半量の熱湯を注いで抽出後、牛乳を注いで電子レンジでチンするだけの手軽さが嬉しい。

ミルクティーブレンド、セブンスパイスチャイなど、5銘柄のティーバッグが2個ずつ、計10個入った布袋入りアソート(季節限定品)は、1950円。他にも通年購入できるスタンドアルミ入り(銘柄ごとに10個入り、各1296円)などもあり。

問い合わせ先:紅茶専門店TEAPOND http://www.teapond.jp/

スタイリッシュに楽しめるスティック型紅茶

厳選されたリーフ茶葉をスティックに封じ込めたスタイリッシュな紅茶が登場。カップにスティックを入れて直接熱湯を注ぎ、約3分で、まるでポットでいれたような紅茶が完成。ダージリン、アッサム、ニルギリなど種類も豊富。洗練されたパッケージでギフトにもおすすめ。

シルバーマジックワンズ12本アソート紅茶ギフトセット。ダージリン、アッサム、ニルギリ、アールグレイ、カモミールなど12種類のラインナップが揃う。12本入り。3780円

問い合わせ先:プリミアスティージャパン https://premierstea.jp/

TEA BAG

おすすめティーバッグ

夏摘み
2nd Flush

ヴィンテージ・マスカテル ティーバッグ

グレード**FTGFOP-1S***

*Fine Tippy Golden Flowery Orange Pekoe－No.1 Special

フルーティーな香りが広がる。
ひとりで贅沢したいときにぴったりな一杯

一年で最もエネルギッシュな味と香りの夏摘み。ウンカ（写真下）が茶畑を飛んで、茶葉の葉汁を吸うことで、紅茶が果実のような華やかな香りになる。特別に限られた茶畑で、日照時間、茶畑の傾斜、高品質の茶樹を選抜。一芯二葉（最上部の芯芽とその下の2枚の葉）の手摘み。銀色に輝く芯芽（Tips）が多く含まれ、芳醇。大自然と職人の力の賜物だ。有機JAS認定取得。

アルミパック入り 20個
1944円

問い合わせ先：Makaibari Japan https://www.makaibari.co.jp

FAIRTRADE TEA
フェアトレードの紅茶

FAIRTRADE

撮影 Jean-Luc Luyssen

■フェアトレードとは

フェアトレード（公平貿易）は、途上国の小さな農家や農園労働者を支援する活動。生産者は公平な取引支援と、売り上げの一部を直接受け取れる。社会的、経済的発展と環境保全を保証。

問い合わせ先：www.fairtrade-jp.org/

太陽の光を受けた夏摘み紅茶。バイオダイナミック農法で栽培され、香り豊かで、果実味あり。テトラ形で茶葉が広がり、紅茶が楽しめ社会貢献もできる。

2.5g×20袋 972円

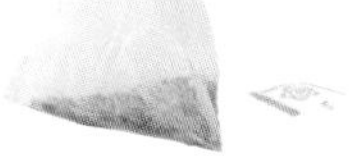

問い合わせ先：Makaibari Japan https://www.makaibari.co.jp

紅茶の保存方法

香りが繊細な紅茶の茶葉。じつは脱臭剤になるほど他のにおいが移りやすく、湿気が大敵。直射日光も劣化の原因。最後までおいしく飲む保存方法とは?

購入は少量ずつ。開封したら早く飲む

賞味期限に2〜3年の表示があっても、それは未開封の場合。開封したら空気に触れ、酸化が始まり香りや風味がどんどん失われていく。高温多湿の日本では大袋で買うより、小袋で。開けたらできるだけ早く飲むに限る。

光を避ける

光は劣化の原因になり、茶葉の色や風味が悪くなる。光のあたる場所を避けて、容器は透明のガラス、ビニール袋ではなく、光を通さないアルミ製の袋や缶を選ぶ。

通気性の良い涼しい場所へ

冷蔵庫は他のにおいが移りやすく、出し入れするたび、温度差で霜がつき、湿気やすくなる。また、湿気の多いシンクの下などに置くとカビの原因に。缶はガス台の横に置くと熱くなるので要注意。室内の通気性の良い場所に置くこと。

おすすめはファスナー付きアルミ製パック

光を通さず、使うたびに中の空気が抜け、価格も手軽。缶は光を通さないものの、使うたびに紅茶と触れる空気が増える。おすすめはアルミ製のパック。さらに、それを缶や密閉容器、ファスナー付き密閉袋に入れるとなお良い。

ティーバッグ

光と空気を遮断する密閉容器で保存する。個別包装の素材は、湿気やにおいを吸いやすい紙製より、アルミ製が香り風味ともに長期間キープできる。

紅茶は4回楽しめる

　高級な紅茶ほど茶葉が愛おしく、
1回飲んで捨てるにはもったいない…。
そこで紅茶の4段階活用法を伝授！

1回目　ストレートで味わう。

2回目　飲んだ後の茶葉を水で煮出す。

番茶的な味わいでゴクゴク飲める。冷やせば麦茶感覚。煮出すときに生姜を加えれば生姜紅茶でいける。うがい水にすると気持ちよい。インフルエンザの予防にもなるという。また、お風呂の入浴剤にもおすすめで湯がやわらかくなる。薄めに煮出した紅茶は、水代わりとして出汁に少し加えたり、料理に使うもよし。爽やかな風味はオリーブオイルやレモンを使う料理と相性がよく、香ばしい渋味感は中華料理にも。葉がやわらかい1st Flushは、そのまま食べられる。渋味を楽しんだり、料理に混ぜたり、佃煮にしてもOK!

3回目　乾かして消臭剤に。

乾かした茶葉をお茶パックで包み（ティーバッグならそのまま乾燥）、冷蔵庫、玄関、室内に置く。紅茶に含まれるポリフェノールが、ホルムアルデヒドを吸着するといわれ、シックハウス症候群対策にもなるという。

4回目　土に返す。

プランターに入れる場合は土とよく混ぜてから加える。

● 使用済みティーバッグ

皿の汚れを拭き取るのに便利。水気をギュッと絞って、窓の溝の掃除や隙間の埃とりにも意外に重宝。拭き取ったあとの残り香もさっぱり。

結論、最後の最後まで役に立ち、楽しめるのが紅茶である。

その紅茶は
いつ、どこで、
誰が摘んだもの？

紅茶は栽培から発酵まで生産者が行う農産物

1枚の葉が織りなす紅茶の味は、気候条件、環境、土壌、そして季節、摘み採り方、発酵で味が決まる。紅茶は緑茶と同じように、新茶があり、二番茶＝夏摘み、三番茶＝秋摘みがある。「紅茶のシャンパン」と称されるダージリンでは、おいしい時期をクオリティシーズンと呼ぶ。春はグリナッシュといわれる清々しい新茶、夏は太陽を浴びて独特のフルーティな香り高い味、秋は落ち着いたふくよかな味とそれぞれに個性が違う。

葉の一枚一枚すべてに意味がある

葉のどの部分を摘むかでも変わる。日本は機械摘みが多いが、大産地では手摘みが主流。茶樹の品種改良が盛んに行

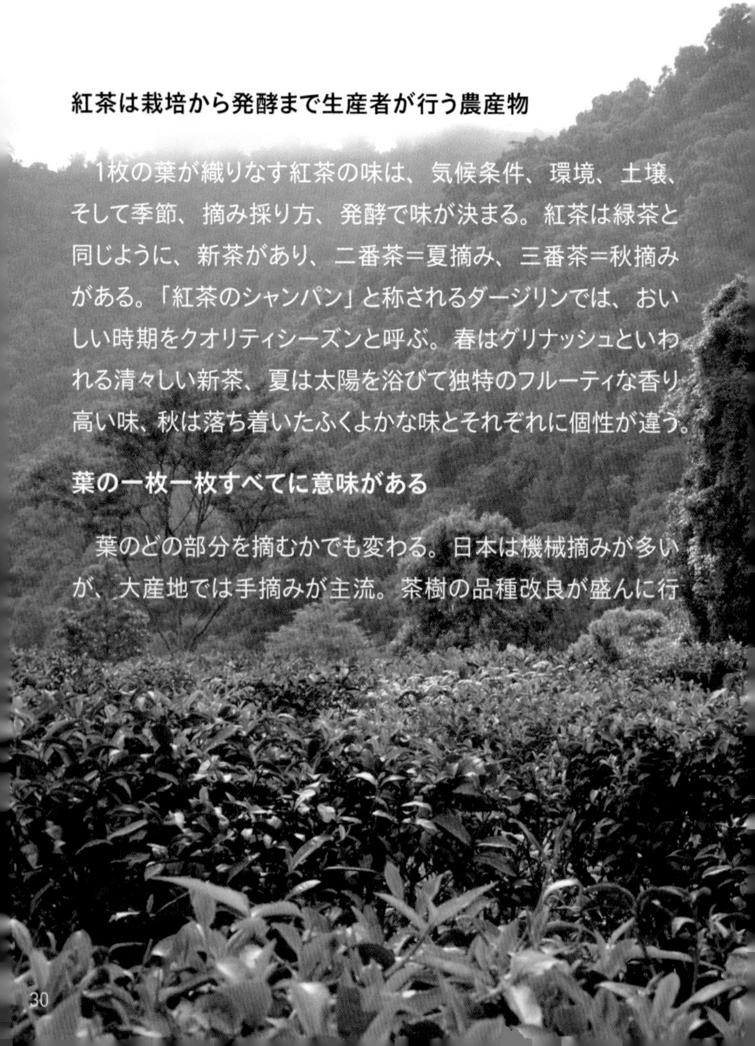

われ、技術革新も進んでいる。近年は自然栽培にシフトする茶園が多い。

まさに農産物の象徴といえる紅茶だが、店舗に並ぶ多くの紅茶は、いつどこで摘まれたものかわからないブレンド品。インドやスリランカなどの生産地から、遠く離れたヨーロッパなどへ、船で輸送される。そして各国でブレンドされ、パッケージにブランド名がついて、再び船で消費国へと旅立つ。それらは、味が変わらないよう、様々な工夫が施されている。

おいしいお茶を新鮮なうちに、味わってほしいと高品質の紅茶生産者は考える。

紅茶には四季があり、旬の味が面白いからだ。

そして、お茶は製品になるまで1回も洗わない。ワインのぶどうと一緒です。

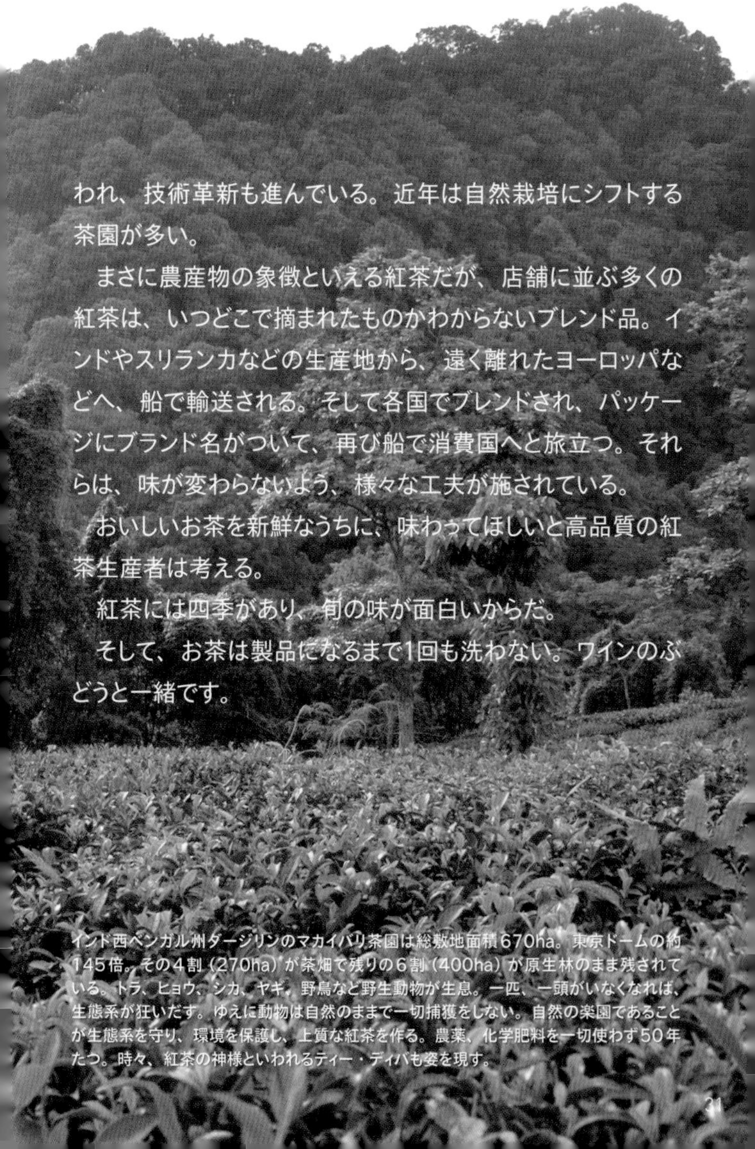

インド西ベンガル州ダージリンのマカイバリ茶園は総敷地面積670ha。東京ドームの約145倍。その４割（270ha）が茶畑で残りの６割（400ha）が原生林のまま残されている。トラ、ヒョウ、シカ、ヤギ、野鳥など野生動物が生息。一匹、一頭がいなくなれば、生態系が狂いだす。ゆえに動物は自然のままで一切捕獲をしない。自然の楽園であることが生態系を守り、環境を保護し、上質な紅茶を作る。農薬、化学肥料を一切使わず50年たつ。時々、紅茶の神様といわれるティー・ディバも姿を現す。

紅茶には季節《クオリティシーズン》がある

香りと味はシーズンで変わる

ダージリン地方では12月～3月の寒い時期、茶園は休眠する。そして3月中旬から待ちに待った新芽が芽吹き始める。エネルギーをためた状態で春に摘まれた1st Flush（ファーストフラッシュ）。特徴は、茶葉に新芽が入り、緑がかった葉が混じり、爽やかな味と香り。グリーンな香りと味は「グリニッシュ」と表現されるまろやかな優しい味、抽出液は淡いゴールド。

春摘み後、疲れた茶樹は休憩に入る。その次のクオリティシーズン、2nd Flush（セカンドフラッシュ）までひと休み。セカンドの葉は小さめで春よりやや硬めの葉になる。グリーンフライ（ウンカ）が飛来して茶葉をかじると、マスカットの香りが出るので、特別に「マスカテル」と呼ばれる。色は明るいオレンジ色。

そして、夏が終わり雨季（モンスーン）が去ると、気温が下がり始める。秋摘みの茶葉の成長はゆっくりで、硬めの葉に育つ。この秋摘みの葉をダージリンでは「オータムナル」と呼ぶ。最も味が熟成し、香りは洋酒に似た、円熟したコクが特徴。抽出液は赤みが深い銅色に。

春 *1st Flush*

3月中旬〜5月初旬*

夏 *2nd Flush*

5月中旬〜7月初旬*

秋 *Autumnal Flush*

9月〜11月中旬*

＊摘み採り時期は茶園により異なる。

時代は自然派　シングルオリジンのすすめ

産地別に直送される茶葉を楽しむ

紅茶は珈琲と違い、生産者が茶葉を育て、摘んだらすぐに発酵させ、仕上げる。発酵方法や過程は異なるものの、生産者が直接仕上げる点では、ワインと似ている。また、ブレンドされた紅茶ではなく、その産地ならではの茶葉を扱うお店も増え、直送された高品質のオリジナル茶葉をシンプルに味わったり、飲み比べを楽しんだりすることも、気軽にできるようになった。そして時代はオーガニック栽培へシフト。ワインと同じように自然派が注目されている。

垂直飲み　年代別に楽しむ

去年の春摘み　VS　今年の春摘み

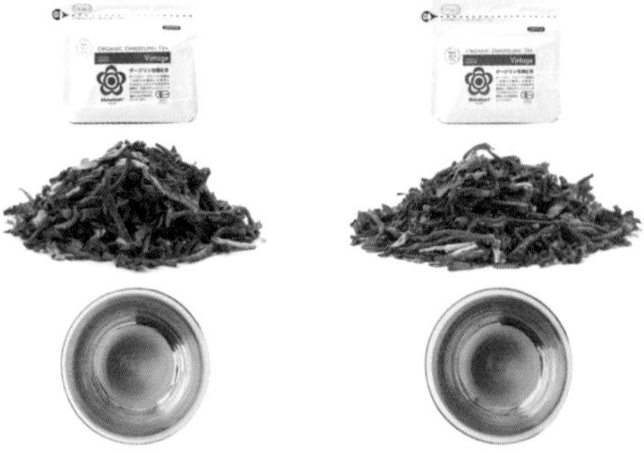

去年と今年の同じ春摘み、同じ茶葉のグレードのダージリンを飲み比べるのも楽しい。紅茶は少しずつ発酵が進むが、その味わいもまた深い。

水平
飲み

同じ年をグレード・クラス別に楽しむ

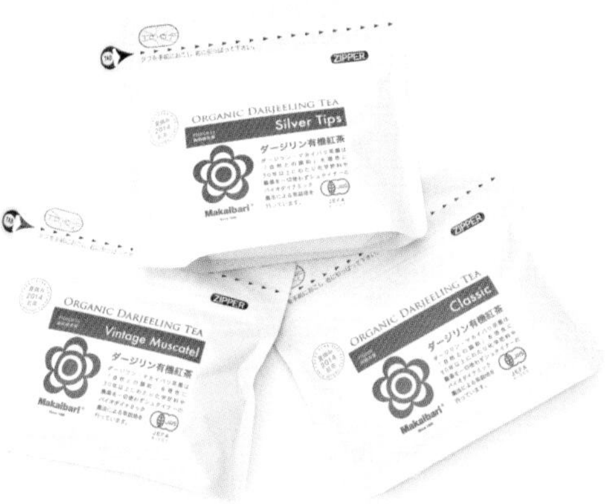

Silver Tips 夏摘み	Vintage 夏摘み	Classic 夏摘み

Silver Tips

マカイバリ茶園のSilver Tipsは、限定した茶畑の新芽を中心に手摘みし、手揉みを導入し製造するのがこのクラス。グレードは最高級茶葉（FTGFOP-1S）。茶畑の傾斜や日照時間、製造工程までこだわり抜く。50g 2916円

Vintage

限定した茶畑の一芯二葉を手摘みで、機械仕上げした最高級茶葉（FTGFOP-1S）。ローリング、発酵、火入れなど伝統的技術で完成させる。季節の違いによる香りと味が一番わかるグレード。100g 2916円

Classic

一芯二葉を手摘み、機械仕上げの高級茶葉（FTGFOP）。マカイバリ茶園ではその日に製造される最も品質が良い茶葉にClassicとつける。（上記の2クラスを除く）100g 1944円

問い合わせ先：Makaibari Japan https://www.makaibari.co.jp/

クオリティの高い茶園から直接日本へ

シングル・ティー・エステートの紅茶が手に入る時代!

Fresh

生産者から直接、飛行機で届き、時差のないフレッシュな味が楽しめる。

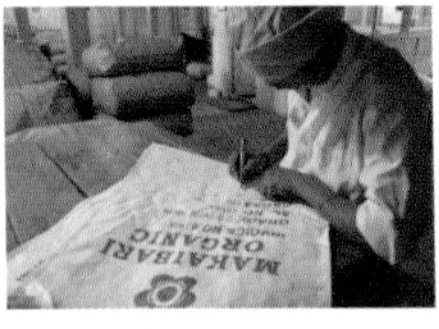

茶樹の交配、クローナル、品種改良の技術による高品質茶葉も魅力的。

Tasting

テイスティングされた
特選紅茶

数あるお茶の中から、マネージャーやバイヤーがテイスティングし選びぬいた紅茶が日本の専門店へ。

Single Tea Estate

今、紅茶は進化中！

Premium

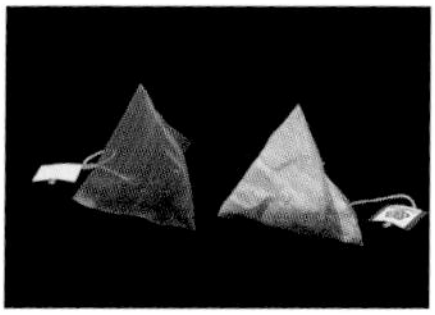

プレミアム・ティーバッグの登場

ティーバッグといえば安い紅茶の代名詞だったが、今は高級茶葉がアンカットリーフで入るテトラ形ティーバッグが登場。プレミアムな高級茶葉が1杯から手軽に楽しめる。p.22参照

Variety

専門店では茶園、時期、作り方違いがバラエティ豊かに揃う。少量から買える。p.170～参照

Quality

オールドノリタケのエレガンスを受け継ぐcher blancポットとカップ。薄手で軽く機能性に優れ、古来より日本で親しまれてきた高貴な立涌文様が美しい。食洗機対応。p.163参照。

紅茶のクラスとグレード
Tea Class & Grade

インド・ダージリン、マカイバリ茶園の一芯二葉の茶葉。
やわらかでみずみずしく、フレッシュなグリーン色が特徴。

紅茶の葉は、上からトップ5まで、1枚1枚に名前がある。最上部の芯芽がTip（ティップ）、葉の1枚目がOrangePekoe（オレンジペコ）、2枚目の葉がPekoe（ペコ）と呼ばれる。これらのやわらかな若い3つの葉をまとめて「一芯二葉」という。葉は下へいくほど大きく、堅くなる。

●リーフの名称

紅茶の葉は上から順にトップ5まで、名前がつけられている

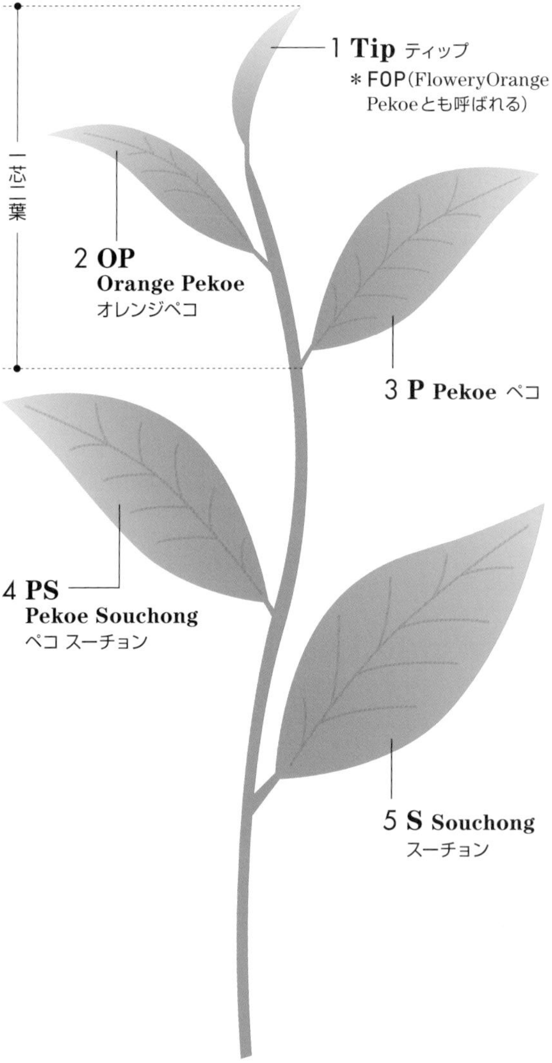

クラスとは大きさと形の分類
グレードとは特徴による等級付け

紅茶は、仕上がりの茶葉のサイズで大きく4つのクラスに分類される。そこから、さらに細かく大きさと形で分かれる。ここでいう分類とは、品質の差ではなく、形の違い。ダストという言葉は安物のイメージがあるが、良い葉のダストもあれば、悪い葉のダストもある。おいしいダストがあれば、おいしくないホールリーフも存在する。

オーソドックスと呼ばれる「伝統製法」で作られた紅茶は、ホールリーフからブロークンリーフ、ファニングス、ダストと4つのクラスに分類されるが、近代的製法の「CTC製法」はその作り方から、ブロークンリーフ以下のクラスしかない。

加工された葉の大きさで、分類される。

1 **Whole Leaf** ● ホールリーフ

［代表グレード］ **FOP FloweryOrangePekoe**

花のような香りのオレンジペコを意味。カットしていない茶葉で、紅茶をいれた後、茶葉の形が樹に生えている時とそっくりに蘇ることも。茶葉の大きさは7 ～ 30mmと幅がある。オーソドックスな伝統製法のみにあるクラス。

2 Broken Leaf ● ブロークンリーフ

［代表グレード］ **BOP BrokenOrangePekoe**

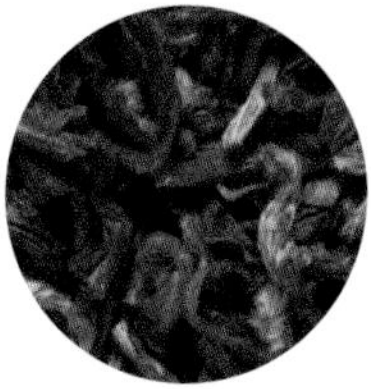
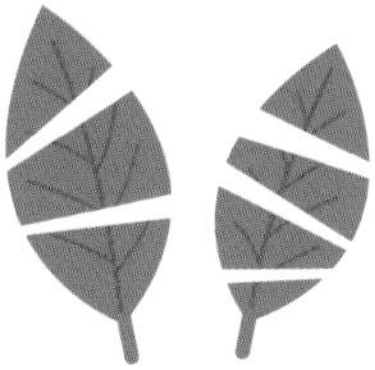

カットされたオレンジペコ。ホールリーフの芯芽、葉をカットしたもの。産地や等級で大きさはさまざまだが、2～3mmが多い。

3 Fannings ● ファニングス

［代表グレード］ **BOPF BrokenOrangePekoeFannings**

カットしたオレンジペコの粗い粉茶。ブロークンリーフより、細かくカットされ、大きさは1～2mmと小さい。ティーバッグに使用される。

4 Dust ● ダスト

茶葉をふるいで分けたときに、下に落ちた1mm以下の粉末状の茶葉。浸出が早いのでティーバッグに使用される。

●オーソドックス製法のグレード分類

それぞれのクラスの中にグレード（等級）があり、インドなどの有名な生産地では、紅茶の価値付けのためにさらに細かく、芯芽の質や割合、芯芽の色合いなどで等級付けしている。また、茶園がオリジナルで名づけた等級付けもある。基本的に、アルファベットの羅列が多いほど高級とされる。

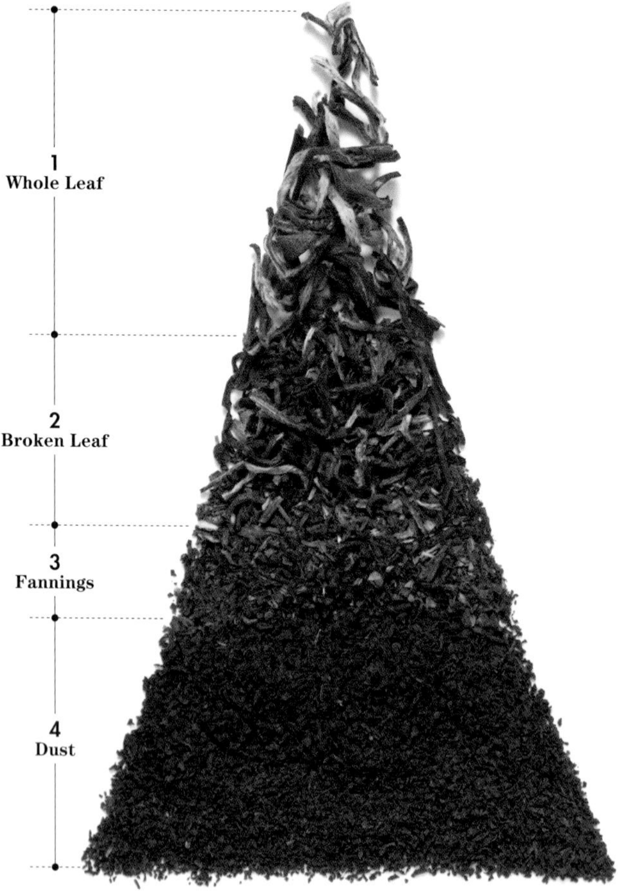

CTC製法は、粒（茶葉）の大きさにより機械でふるい分けられる。メーカーでは細かく分類されるが（p.53参照）、一般商品ではグレード分けの表記はほとんどみられない。ティーバッグ用のCTCは粒が細かくカットされている。

1 **Whole Leaf** ホールリーフに分類されるグレード

＊基本グレードは、 OP OrangePekoe

針のように細くよじれた長めの茶葉で、1本の枝の先端に、1つだけつく芯芽を多く含むため、味わいは上品。グレードアップしていくに従い、形容詞が増えて略称が長くなる。最高級グレードは、針状に細く捩れた長い茶葉で、サイズが揃っている。芯芽だけ、もしくは芯芽を多く含むオレンジペコの意。茶園によっては、特に優れた品質の紅茶のグレード名の頭にS（Special）や、末尾に1をつけることもある。

代表グレード		意味
FTGFOP	FineTippyGoldenFloweryOrangePekoe	見事な芯芽の多い黄金色の 花のような香りのオレンジペコ
TGFOP	TippyGoldenFloweryOrangePekoe	芯芽の多い黄金色の 花のような香りのオレンジペコ
FOP	FloweryOrangePekoe	花のような香りのオレンジペコ

2 **Broken Leaf** ブロークンリーフに分類されるグレード

ホールリーフをカットしたものなので、芯芽が多いものにTippyがつくなど、ネーミングのルールは同一。略称が長いものほど、高級とされる。

代表グレード		意味
FTGBOP	FineTippyGoldenBrokenOrangePekoe	見事な芯芽の多い黄金色の カットしたオレンジペコ
TGBOP	TippyGoldenBrokenOrangePekoe	芯芽の多い黄金色の カットしたオレンジペコ
BOP	BrokenOrangePekoe	カットしたオレンジペコ

3 **Fannings** ファニングスに分類されるグレード

ブロークンリーフをさらに細かくカットしたもので、芯芽を含む割合で、BOPFかGOFにランク分けされる。芯芽を含まないとOFに分類される。

代表グレード		意味
BOPF	BrokenOrangePekoeFannings	カットしたオレンジペコの 粗い粉茶
GOF	GoldenOrangeFannings	黄金色のオレンジペコの 粗い粉茶
OF	OrangeFannings	オレンジペコの粗い粉茶

4 **Dust** ダストに分類されるグレード　特になし。

column 4

「オレンジペコって、オレンジの味？」

OrangePekoe

オレンジペコとは、茶葉てっぺんの芯芽の次、2番目の茶葉の呼び名だ。高品質の紅茶＝オレンジペコであるため、ダージリンのように地域名か、品種名と勘違いする人も続出。お店で「オレンジペコください」と注文する人も。

また、その名もズバリ「オレンジペコ」と名付けられた商品もあるため、ややこしい。その名から、オレンジ味のフレーバーティーと思っている人もいる。「茶葉の呼称」ゆえ、様々な地域の「オレンジペコ」があり、特定の銘柄ではない。

では、いったいなぜオレンジの香りや味もしないのに、この呼び名がついたのかが謎。

これには諸説あり。

1 茶葉の芽に生える白い産毛、白毫《はくごう》を「パイハウ」と呼んだのがなまって、「ペコ」と呼ばれ、その白毫がオレンジ色に見えた!?ことから、合体して「オレンジペコ」になったという説。
2 お茶の色がオレンジ色だったという説。
3 茶葉の香りづけにオレンジの花を使ったという説。
4 オランダ王国のオレンジ・ナッソーに由来するという説。

どれが本当か定かではないが、シルバーチップを含む高級な春摘みダージリンは、確かにオレンジがかった色をしている。

紅茶ができるまで

ダージリン地方のOrthodox《オーソドックス》製法

ダージリン・マカイバリ茶園
DARJEELING MAKAIBARI TEA ESTATE

紅茶ができるまでを簡単に説明すると、茶葉を摘み（摘採《てきさい》）、萎《しお》らせて発酵に最適な量まで、水分を減らす（萎凋《いちょう》）。次に、茶葉を揉んで細胞を壊し、酵素を活性化（揉捻《じゅうねん》）させる。そして、適切な温度と湿度にし、酵素の力で茶葉を発酵（発酵《はっこう》）。ここぞという発酵具合を見計らい、温度を上げて発酵を止める。最後に仕上げの乾燥をすれば紅茶の完成（乾燥《かんそう》）!。インド、ダージリン・マカイバリ茶園の作り方を紹介。

1 摘採《てきさい》 Plucking

↓

2 萎凋《いちょう》 Withering

↓

3 揉捻《じゅうねん》 Rolling

↓

4 発酵《はっこう》 Fermentation

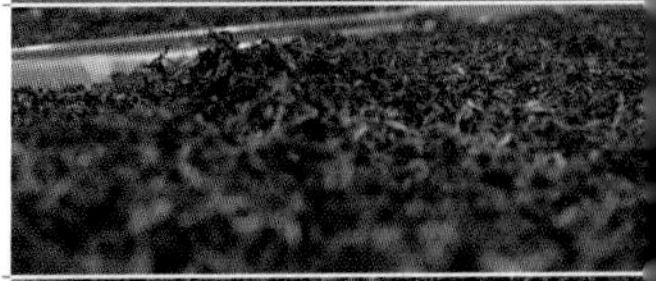

↓

5 乾燥《かんそう》 Firing

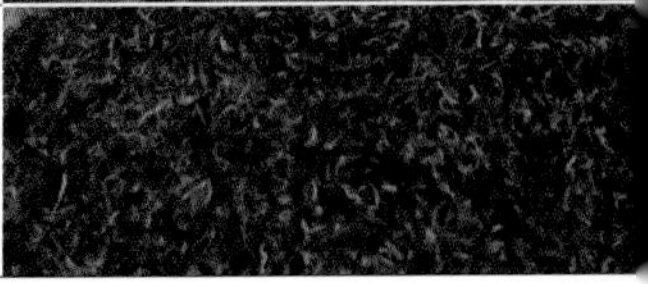

1 摘《てき》採《さい》 Plucking

茶摘み。
一芯二葉を丁寧に丹念に手で摘む

紅茶の新茶は、八十八夜よりかなり早く、ダージリンの1st Flushの摘み採りは、3月中旬から始まる。芯芽と上から2枚の葉「一芯二葉」を手摘みする。摘み方が次の芯芽に影響を与えるため、熟練が必要。一人前になるまで平均8年という。茶摘み仕事は、大きい籠をしょって、急斜面を上り下りする重労働だが8割が女性だ。摘み採った生葉は、いたまないよう日に2回、小まめに計量し、速やかに加工場へ運ばれる。気温が高い地域では、1日3回量るところもある。

2 萎凋《いちょう》 Withering

水分を蒸発させて茶葉を萎《しお》らせる。その後の発酵を左右する重要な工程

摘み採った茶葉の8割は水分。その約半分を蒸発させるのが萎凋。「紅茶作りの4分の3は、萎凋で決まる」と言う技術者も多い重要な作業だ。茶葉を萎凋槽に広げ、一定の厚さにならす。そして、温かい風を15 ～ 20時間当てて水分を飛ばす（風の温度は、地域、茶園によって異なる）。ダージリンは28℃以下、スリランカは40 ～ 50℃までと様々。茶葉の水分を少なめにしておくと、作業がしやすくなり、発酵の強弱をコントロールできる。この萎凋による水分調整が、仕上がりの香味成分を増やして味わいを決める。適正な萎凋の見極めが何より大切となる。

3 揉《じゅう》捻《ねん》 Rolling

茶葉を揉《も》んで捻《ねじ》ること。
酵素活性化による発酵のキッカケ作り

力をかけて茶葉を揉み捻ることで、茶葉の細胞が壊れ、細胞に含まれる酵素が活性化する。酵素による発酵のキッカケ作りが揉捻という作業。ポリフェノールオキシダーゼは、茶葉に含まれる酵素だが、揉捻して細胞を壊さないと働かない。揉捻機は大きな金属の皿の上に円盤が載り、回転しながら渦のように動く構造。皿と円盤の、手のひらを擦り合わせるような動きに挟まれて、茶葉が揉み込まれる。季節で調整が変わり、ダージリンの春摘み1st Flushは、葉が軟らかく壊れやすいため、揉捻は30 ～ 40分と短時間で1回だけ。圧力も弱めに調整。2nd Flush以降は葉が硬くなるため、圧力を上げ40 ～ 50分で2回かける。葉を捩れさせ、様々なサイズ（等級）を作りだす。揉捻の途中、揉んで塊になった茶葉をほどく、玉解きという作業をする茶園もある。ブロークンタイプを作るときは、揉捻工程の後、切断機でカットし発酵工程へ移る。

4 発《はっ》酵《こう》 Fermentation

酵素が働き、緑から赤銅色へと変わる。
紅茶作りの本番！

揉捻した茶葉を、発酵用の台の上に広げ、発酵に最適な温度と湿度に調整する。1～2時間半かけて、発酵をすすめていくと、徐々に、緑色だった茶葉が黄金色や赤銅色に変化し、芳香を放つようになってくる。発酵し過ぎると、香気が悪くなり、水色《すいしょく》も黒っぽくなるため、見極めが肝心となる。

酵素による発酵で、茶葉に含まれるカテキンが、酸化されてタンニンに変わり、紅茶独特の赤い色が生まれる。

実は、茶葉を揉むことで、赤銅色になるのは、リンゴの皮を剥くと、果肉が褐変して茶色くなるのと原理は一緒。もともと細胞内に含まれている酵素が、細胞が壊れることで活性化し、酸化反応がおこって茶色く発色するといわれている。

5 乾《かん》燥《そう》 Firing

発酵を止め、保存しやすいよう乾燥。最終仕上げ

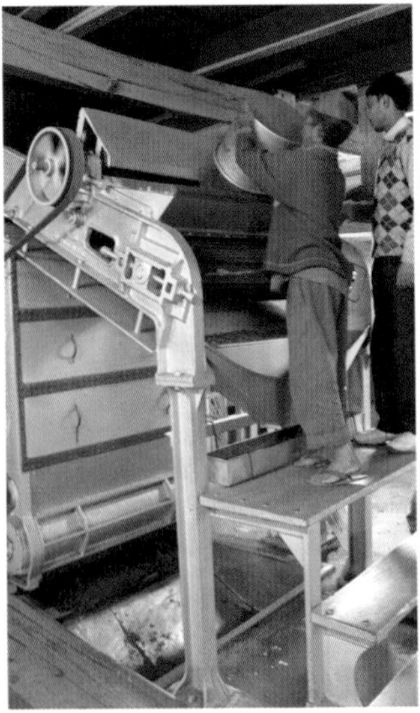

ちょうど良い発酵具合の状況を見極めて、茶葉を乾燥機へ移動。温度を上げて酵素を失活させ、発酵を止める。その上で、茶葉の状態を見ながら、保存しやすい状態になるまで、温度を調整して水分を飛ばし、乾燥させる。技術者の腕の見せどころだ。この乾燥工程によって、紅茶らしい香味と色が固定される。最終的な水分量は2～4%。

6 仕上げ Finishing

できた紅茶をふるいにかけ、様々な大きさに整えて選別する。最後に異物混入がないかチェック。最終的にきれいに揃えられた紅茶はグレード（等級）分けされ、容量等が記載された専用の袋や箱に詰められる。国外へ輸出される袋や箱は内部がアルミ素材で防湿されている。

7 評価鑑定 Tasting

出荷の前に、味を確かめ評価するテイスティングを行う。一定量の茶葉と湯、時間で専用のテイスティング器を使って紅茶をいれる。抽出されたリキッドはカップに、茶殻は蓋皿にのせる。茶葉はもちろん、茶殻の色や香りも、重要な要素。紅茶が少し冷めたところで、味を一つ一つ確認して評価する。研ぎ澄ませた神経で集中する作業が毎日行われる。

取材協力／Makaibari Japan Limited

アッサム地方のCTC製法

C Crush（押しつぶす）
T Tear（ひきさく）
C Curl（丸める）

アッサム・ジャリンガ茶園
ASSAM JALINGA TEA ESTATE

アッサム地方は9割がCTC製法で、オーソドックス製法は1割。製法の違いは、揉捻の代わりに茶葉を切断し、CTC加工を行うことにある。CTC製法の開発は1930年代で、専用のCTC機で製造するが、所要時間は約半分。安く、早く、大量の紅茶作りが可能になった。CTC製法は茶葉の細胞組織を押しつぶすため、味と香りの抽出が早く、濃く強い風味。これが当地で飲むチャイに最適。世界の紅茶の半分以上はCTC製法だ。

---

1 摘採《てきさい》 Plucking

茶摘みは、背負い籠の代わりに風呂敷のような大きな布を使用。茶摘みのときには、三角に折って袋代わりに背負い、運ぶときには、茶葉をくるんで頭に載せる。

2 萎凋《いちょう》 Withering

オーソドックス製法同様、台の下から温風を当てて茶葉を萎《しお》らせている。約20時間かけて茶葉の水分量を30%まで乾燥。

3 茶葉切断 Cutting

この工程からが、オーソドックス工程と異なる。切断機（ローターバン）で、茶葉を細かくねじ切り、CTC加工の前準備。オーソドックス製法では、ブロークンリーフ茶を作る際、揉捻後に使用する機械だ。

4 CTC加工 Crush Tear Curl

Crush（押しつぶす）Tear（ひきさく）Curl（丸める）が製法の由来。表面に、たくさんの細かい刃がついた金属製ロールで、茶葉を加工する。なにやら、怖そうな機械だが、コロコロと丸まった粒揃いの可愛らしい玉葉になる。CTC加工により、茶葉の組織が壊れ、表面積が増えるため、より香りと色、味の強い茶葉に仕上がる。

5 発酵《はっこう》 Fermentation

ここからは、オーソドックス製法と同様の工程。きれいな緑色の玉葉が、発酵し、輝く赤茶色に変わる。

6 乾燥《かんそう》 Firing

CTC製法では、玉葉に熱風を吹きつけ、ジャンピングさせて乾燥する。オーソドックス製法で、ベルトに載った茶葉が、オーブン内をゆっくり移動するのと対照的だ。茶葉の形状が異なると、乾燥の仕方が変わるのが面白い。オーソドックス製法では、リーフの形状が壊れないように気を使うが、CTC製法の茶葉は丈夫なため、しっかりと乾燥させることを優先する。

7 選別 Grading

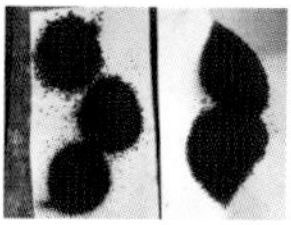

グレード分けされていないバルクティーを、玉葉の大きさによってふるい分ける。BPS、BOP、BP、PF、PD、D、CDなどなど、ダージリン地方では見られないグレード分けも多数あり。

紅茶と緑茶、烏龍茶は何が違うの?

紅茶、緑茶、烏龍茶は同じ茶樹からできる

色、香り、風味もまるで異なる3つのお茶。じつは、すべて同じ茶樹から作られる。学名「カメリア・シネンシス」というツバキ科の常緑樹。製法の違いで風味が異なる3つのお茶に仕上がる。

「カメリア・シネンシス」の代表的な品種は2種。小さな葉で、耐寒性のある中国種。そして、その2倍ほどの大きさに葉が育つ大木のアッサム種(インド種ともいう)がある。

中国、インド北部山岳地帯ヒマラヤの麓ダージリン、ネパールなど標高が高い冷涼な土地では、耐寒性のある中国種。インドのアッサムやニルギリ、スリランカなど高温多湿の土地ではアッサム種が栽培されてきた。近年は生産量、品質の向上を目指し、アッサム種と中国種をかけあわせた交配種が主である。

発酵の度合いで味が決まる。

完全に発酵させると紅茶、全く発酵させないと緑茶、半分まで発酵させると烏龍茶になる。そこで、紅茶を「発酵茶」、緑茶を「不発酵茶」、烏龍茶を「半発酵茶」という。同じ茶葉から、それぞれを作り分けることも可能だが、紅茶はアッサム種が多く、緑茶と烏龍茶は中国種が主。ダージリンは、中国種系の品種が中心。

紅茶は、発酵により茶葉に含ま

紅茶の工程

摘採《てきさい》→萎凋《いちょう》→揉捻《じゅうねん》→発酵《はっこう》→乾燥《かんそう》

揉捻で活性化された酵素が、活発に働くので完全発酵する。

烏龍茶の工程

摘採《てきさい》→萎凋《いちょう》→発酵《はっこう》→加熱《かねつ》→揉捻《じゅうねん》→乾燥《かんそう》

酵素を活性化させないため、自然に、軽く発酵する。

緑茶の工程

摘採《てきさい》→蒸《む》し→揉捻《じゅうねん》→乾燥《かんそう》

摘採直後に、蒸して酵素を失活させるため、発酵しない。

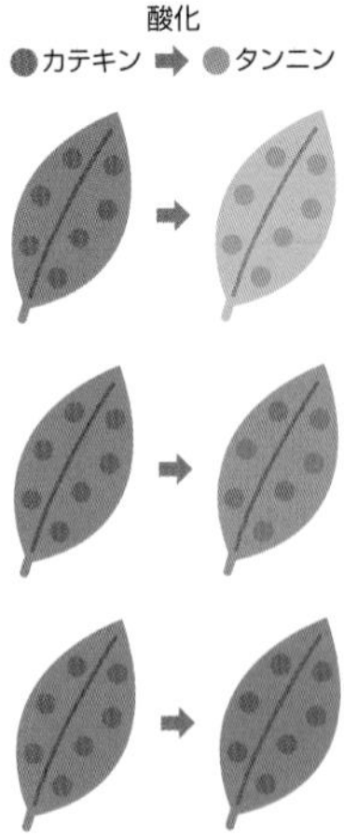

れるカテキンが、酸化してタンニンになる。それが、紅茶のきれいな水色《すいしょく》と香り、味になる。

一方、緑茶は、カテキンなどの生茶葉に含まれる成分が、そのまま茶の中に残っている。

烏龍茶は、生茶葉の成分と、発酵成分の両方を兼ね備えているが、作り方によって、紅茶に近い強発酵のものから、緑茶に近い弱発酵のものまである。

春摘みの葉で作られるダージリンの1st Flushは、発酵が軽めのため、水色が淡く、香りもフレッシュで生茶葉の風味も残り、独特の味わいに。中国種系統の茶葉なので、烏龍茶に近いと、いわれることもある。

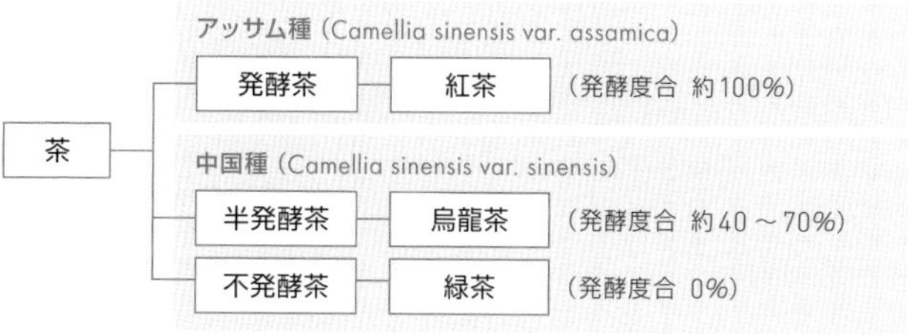

column 6

グレードFの謎

SFTGFOP・FTGFOP・TGFOP・FOP・FBOPF・BOPF・PF・FF・SF。

まるで呪文のような紅茶のグレード表記。ただのアルファベットの羅列に見えるが、紅茶用語の頭文字が並んだものだ。

だがこの頭文字、不思議なほど、「F」が多い。「F」は通常の英文中には、あまり出てこない。出現頻度はたったの2%弱。それが、紅茶のグレード表記では、これらを数えただけでも約36%の出現率。およそ20倍！

紅茶を形容しているこれらの「F」の意味するところは、Fine・Finest・Flowery・Fannings・First・Flushなど。

なぜそれほどまでにFがいいのか、Fがそれほど好きなのか、ファーストクラスにあやかりたいF？　それに続けのF？

様々な紅茶の研究が日々進んでいるが、疑問の数々が全て解決する日がきても、「F」の謎だけは、Final（最後）まで、残るに違いない。

世界的な紅茶の産地
GLOBAL TEA PRODUCTION AREA

ネパール　NEPAL

インド・ダージリンに近い紅茶の適栽地。技術交流もあり、質の高い紅茶生産が増えつつある。近年、注目のエリア。

インド　INDIA

紅茶の歴史において、不動のセンター。質の高い紅茶から、量の多い紅茶まで作る世界最大の紅茶生産＆消費国。

ケニア　KENYA

20世紀後半の国家独立から、CTC製法により急速に生産量を伸ばしている新興エリア。

世界的な紅茶の生産は、温暖な赤道を中心に、北緯45度以南、南緯35度以北のエリア、広く世界の30ヵ国以上で作られている。ただし、生産量では、インド・アフリカ・スリランカの3地域で、全体の80%以上を生産。質では、上記3国に加えて、紅茶原産国の中国と、ダージリンに隣接するネパールが注目株。

中国　CHINA

紅茶の原産地でありながら、生産のほとんどが緑茶。わずかに、高質な紅茶の生産も。

日本　JAPAN

明治維新後の100年間で、輸出国から輸入国へと大きく変遷。21世紀の新国産紅茶に、光が。

スリランカ　SRI LANKA

セイロンティーで一世を風靡した。世界三大紅茶産地の一つ。高質なものから安価なものまで、幅広いラインナップを誇る。

インドの紅茶の産地
INDIA'S TEA PRODUCTION AREA

今、最も一般的な紅茶用茶葉、アッサム種発祥の地で、製造量最大のCTC製法もこの国で生まれた。今なお、世界最大の産地で消費地でもある、まさしく紅茶の国。山間のダージリン、平野部のアッサム、高原のニルギリ、三大産地では、それぞれタイプの異なる個性的な紅茶がつくられている。インド紅茶の人気が高いため、偽ブランド品が後を絶たない。一時は、生産量の5倍もの製品が流通。そこで対策として、各エリア産を証明する、ブランド認定マークが制定されている。

ニルギリ NILGIRI

ニルギリは、現地語で「ブルーマウンテン」の意味。素直でクセのない、スッキリ穏やかな味わい。CTC茶が主流で、チャイやミルクティーにも使いやすい。インドの紅茶生産では後発のエリアになる。南インドの西ガーツ山脈に連なる、高原の丘陵地帯。当初は、気候と土地柄が良いため、避暑地として開発された。

ダージリン　DARJEELING

インドの西ベンガル州ヒマラヤの麓で、標高の高い、険しい山岳地帯であり、紅茶用茶樹としては世界で唯一、中国種の生育に成功したエリア。その後、高級紅茶の産地となり、品種改良、茶樹栽培、製茶技術に、高い技術レベルを誇る。繊細で爽やかな味わいのホールリーフを使ったオーソドックス製法がメイン。

アッサム　ASSAM

世界中で生産量が最も多い「アッサム種」の生まれ故郷で、北東インド・ブラマプトラ川流域の平原地帯で作られる紅茶は、パンチの利いた、力強く、濃い味わい。高質なリーフ茶から求めやすいCTC茶まで、ストレートティーからチャイまでバラエティ豊かに揃う。

ダージリン茶園地図
DARJEELING TEA ESTATE MAP

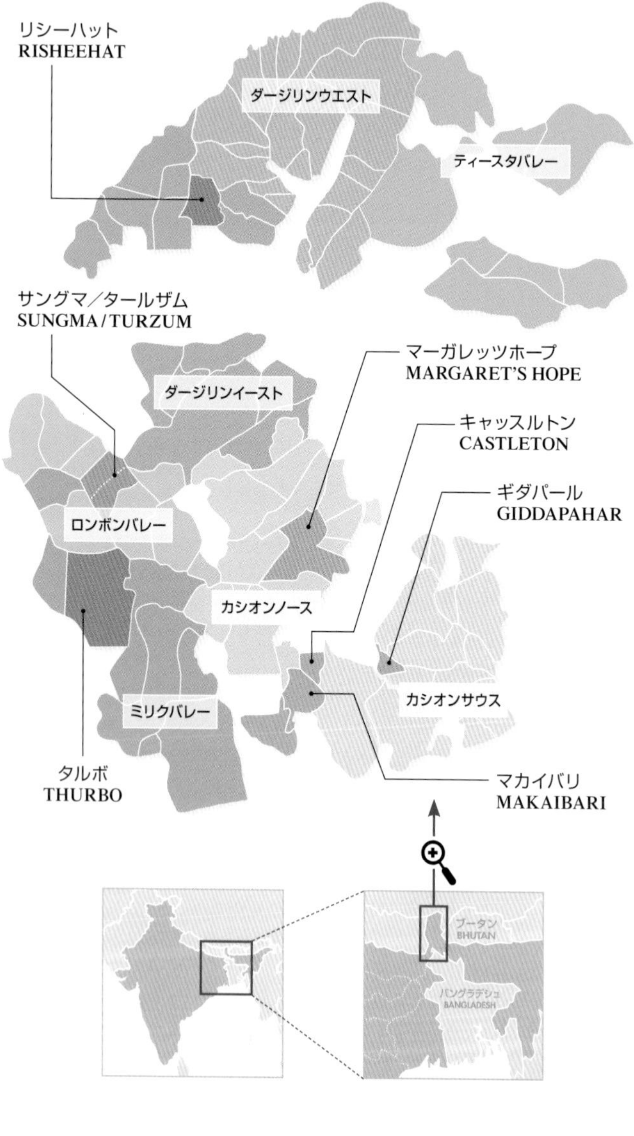

MAKAIBARI TEA ESTATE

MARGARET'S HOPE TEA ESTATE

CASTLETON TEA ESTATE

MARGARET'S HOPE TEA ESTATE

MAKAIBARI TEA ESTATE

MAKAIBARI TEA ESTATE

THURBO TEA ESTATE

DARJEELING

50年続くバイオダイナミック農法。自然との調和が理念

マカイバリ茶園

MAKAIBARI TEA ESTATE

インド・ダージリン ＊ INDIA, DARJEELING

Cosmic secrets behind Makaibari magic

Times of INDIA(コルカタ版)
2014年9月6日

総敷地面積670ha（東京ドームの約145倍）。その4割が茶畑、残りの6割が原生林。1859年創業の老舗茶園が1972年から自然との調和を理念に掲げ、世界で最初にバイオダイナミック農法*で茶栽培を実践。先駆的な茶園主S.K.バナルジー（通称ラジャ）氏は、1993年に英国Demeter社からBio-dynamic証明､2001年に日本の有機JAS認定を取得する。高品質を誇り、2003年インド・コルカタのオークションで「シルバーニードルズ」が世界最高値を記録。2014年には「シルバーティップス・インペリアル」が1kgあたり1850ドル（約20万円）という破格の高値で取引された。108年に1回といわれる、味と香りが最高に達する日に茶摘みした紅茶である。詳細は右ページ。

＊バイオダイナミック農法　太陽･水･空気･土･動植物すべてが互いに関連、調和しあったホリスティックな環境の中で栽培を行う農法。ルドルフ･シュタイナーが提唱。

Silver Tips Imperial

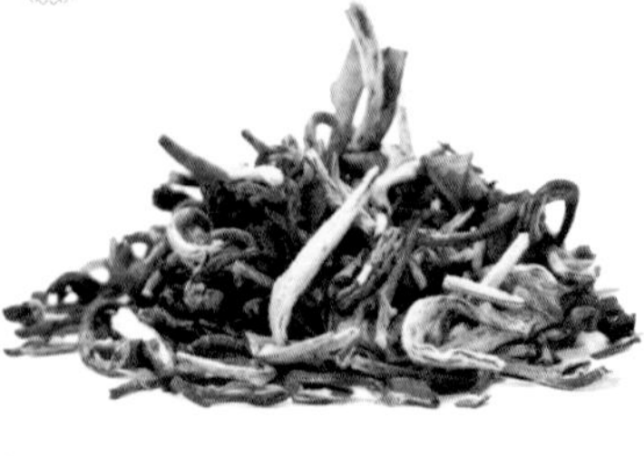

茶葉から上品な香り。お湯を注ぐと茶葉はゆっくりと開き、アロマが放たれる。雑味のないクリアな味と、フラワリーな香りがゆっくりと主張。余韻がしばらく残る贅沢な味。

Photograph by Sanjit Das

from Rajah Banerjiee

2014年6月13日は特別な満月の夜でした。6月21日の夏至のまさに8日前。バイオダイナミック農法カレンダーによると、この日の天体の配置は108年に一度おこるものでした。満月の夜はすべての植物の水分が海に放出され、満潮を導きます。これはすべての果物、野菜、穀物の中に含まれる水分が自然の法則によって最も少なくなること。明らかに植物の器官から抽出されるエッセンスは最も濃縮され、香りは最高に達するものとなります。最も一日が長い日（夏至）の8日前は、今まで体験したことがないほどに植物の香りが濃密なものとなるのです。この特別な状況を得るために、シルバーティップスインペリアルは13日の夜中の0時から3時の間に茶摘みされました。月の光と松《たい》明《まつ》の灯がまさにこの特別な茶摘み風景を照らしていました。

[摘み取り時期] 6月

[茶樹] 中国交配種　[グレード] FTGFOP-1S

[色] 淡い黄金色　[香り] 華やかなフラワリー系

[味] 果実味

ストレートティー

300ml　3g　6〜8分

※現在は完売。

DATA
創業：1859年／標高：1189m／茶園面積：670ha
エリア：Kurseong South, Darjeeling
問い合わせ先：Makaibari Japan https://www.makaibari.co.jp/

自然との調和による紅茶作り
「健全な土壌が健全な人間を創る」

元マカイバリ茶園主のS.K.バナルジー氏はマハラジャ（藩主）の息子。皆から「ラジャ」と親しみを込めて呼ばれ、自然との調和を掲げた茶栽培を実践。

バナルジー氏が英国の大学で学び、家業の茶園に戻った1972年当時、茶園は農薬、化学肥料のせいで土がやせ、生産量が減少傾向にあった。

ダージリン地方は世界でも有数の急勾配の山々が連なる高地。6～9月には激しい雨が降り、降水量が多い。そのような土地で環境よりも経済を優先した茶栽培を続ければ、斜面の表土が浸食され山崩れが頻発する。バナルジー氏は、それを憂いて茶園の土壌を守り、より豊かにすることで、茶園で働く人々の生活を向上させたいと、バイオダイナミック農法を取り入れた。

生物の潜在的な力を導き出し、土壌に活力を与えるため、農薬、殺虫剤、除草剤、化学肥料はやめ、牛糞、油粕、枯葉などの有機肥料や、自然の物質から生成された調合剤を茶畑に散布。茶摘みをはじめとする作業は、月や天体の運行に則した太陰暦に基づく農業暦にそって行う。マカイバリ茶園では、パーマカルチャーの考えも導入。6つの層をなす植生で構成する茶畑を理想としている。まず、茶園面積2倍の広さの原生林。次いで日陰をつくるネムノキを、20m間隔で茶畑に植栽。根粒菌は窒素

column 7

紅茶の包装にも木箱や布袋を活用
伝統や自然を活かした手わざの魅力を

●木箱

ブータンで育った松の木の廃材を使った、手作りの木箱。

の供給源にもなり、土壌が豊かになった。そして4～5年ごとに様々なマメ科の植物を植栽し、除草剤の役割を担う果樹や草類を10haの茶畑に対し1ha分。さらに紅茶の木と、薬草やクローバー類が加わって構成される植生により、マカイバリ茶園の茶畑は、恒久的に持続可能な農業環境になっている。

バナルジー氏の理念は「自然との調和」。健全な土壌が、健全な茶樹を育て、野生動物や昆虫が生息する豊かな環境をつくる。自然との調和が、健全な人間を創る。

バナルジー氏は2018年3月末にマカイバリ茶園を退職し、現在はインド全体をオーガニックにするべく小規模な生産者へのオーガニック指導に力を入れている。マカイバリ茶園は、2018年4月からThe Luxmi（ラクシミー）Tea co.Ltdに経営権を譲渡。理念・農法はマネージャー、サンジャイ・ダス氏により継承されている。

マルチング農法とは グアテマラグラスを地面に 敷き詰める農法

これにより、降水による衝撃を緩和し、土壌の流出を防止。雑草の成長を制御する。干ばつ時期には土壌の水分を保湿。グアテマラグラスが枯れると土壌の表面に還り肥沃な土に変わる。そして、干ばつに負けない元気な新芽が育つ。

マルチングの作業中。グアテマラグラスを切って束ね、土の上に敷き詰める。

●インド伝統的デザインの布袋

ラジャスタン州のウッドプリント、グジャラート州のミラーワーク手刺繍、ウッタル・プラデシュ州のオーガンジー手刺繍など伝統を活かした布袋。絞り、染め、縫製まで、インドの女性の手作業で作られる。紅茶をつめて販売。定期的に注文を出すことで女性たちの生活の安定につながっている。

問い合わせ先：Makaibari Japan　https://www.makaibari.co.jp

元マカイバリ茶園主ラジャ・バナルジー氏の一日の紅茶の楽しみ方

紅茶には春・夏・秋のクオリティシーズンがある。一日の中でも時間帯で季節が変わる。バナルジー氏は陰陽五行の思想に基づき、時間で飲み分けるという。

バナルジー氏の目覚めの一杯は春摘み1st Flush。エネルギッシュな春摘みで、体を目覚めさせて一日を始める。

午前中にひと働きして、お昼に戻った時は夏摘み2nd Flushでリチャージする。その後、午後のティータイムにはマカイバリ茶園の緑茶で栄養をプラス。緑茶にはたくさんのポリフェノールが含まれているから。

夜眠る時には秋摘みオータムナルのシルバーティップスで、贅沢な気分になって心を落ち着かせ、安らかに眠りについて一日を終える。

●ラジャ・バナルジー氏がすすめる食器

I PREFER TO HAVE CHINA PORCELAIN SET AS ITS ELEGANT AND PROMOTES THE VISUAL ASPECTS OF THE LIQUOR EXCELLENTLY, IN AN AMBIENCE OF GRACE AND TRANQUILITY.

「紅茶の食器は、磁器をすすめます。上品さを醸しだし、紅茶の水色をより優雅にそして静かに映し出すからです」

アイスワインにヒントを得た冬紅茶

CRYSTAL FLUSH

クリスタルフラッシュ

茶摘み日：2月

グレード：FTGFOP-1S

秋摘みでも春摘みでもなく、寒い冬に茶摘みされる特別な紅茶「クリスタルフラッシュ」は、バナルジー氏がアイスワインにヒントを得て作った冬茶。寒暖差がアイスワインでは糖度の凝縮を生むが、クリスタルフラッシュでは新芽の生命力の凝縮を作りだすという。自然環境が揃った年にしか収穫できない貴重品。標高1300mの茶畑で、厳しい寒さの中で芽吹いた新芽を丁寧に手摘みした。その名の通り、すっきり透明感ある味で、エネルギッシュさとマカイバリ茶園のエッセンスが凝縮。有機JAS認定ダージリン紅茶。

アルミパック入り50g 3780円。木箱、布袋入りもあり。
https://www.makaibari.co.jp

column 8

ティーディバ　紅茶の神様

ダージリンのマカイバリ茶園には、葉っぱそっくりの木の葉虫（ナナフシ目コノハムシ科の昆虫）が棲んでいる。この木の葉虫を、元茶園主のバナルジー氏は「ティーディバ（紅茶の神様）」と呼び、ことのほか尊んでいる。

有機的な環境保全型の農地では、多種多様な微生物や虫が生まれ育ち、食物連鎖を形成する。その結果、生態ピラミッドができる。その中で一部の草食性昆虫は、身を守るために擬態化する。

このことを、シュタイナー農法の創始者ルドルフ・シュタイナーは「農業が、ホリスティックに実践されていれば、作物には擬態（生き物）ができるだろう」と言い残した。*

1991年に、木の葉虫がマカイバリ茶園で発見された。「1974年からの45年にも及ぶバイオダイナミック農法の実践による賜物である」とバナルジー氏は大感激。苦労した自然栽培が、生態系バランスの調和を証明する木の葉虫となって現れたからだ。

紅茶の葉っぱそっくりの木の葉虫は、葉を食べる葉食昆虫。あまりに擬態が上手だと、仲間に本物の葉と間違えられ齧《かじ》られてしまうこともあるという。体の一部が欠けているのはそのためとか。どうも、見かけだけでなく、味まで葉にそっくりとか!?　恐るべし、木の葉虫。

シュタイナーの言葉の生き証人「ティーディバ」。この虫が食べる茶葉は、言ってみれば「神様の分け前」だろう。

●

*もしも農業が真にホリスティックな（全体的な繋がりが調和している）状態で行われているのであれば、重要な作物には擬態（生き物）ができるだろう
ルドルフ・シュタイナー

写真協力／Makaibari Japan

ダージリンの歴史と共に歩む、トップクラスの名園

サングマ茶園

　ダージリンを代表するトップクラスの名園のひとつ。サングマ茶園の持つ茶畑の多くは、美しい渓谷・ランボンバレーの南もしくは南西斜面に点在する。極めて上質でクリアな味わいの茶葉が特徴で、そのクオリティの高さは内外に轟《とどろ》いている。80％以上の茶樹が樹齢100年以上の中国種であり、新しい交配種の研究にも意欲的。とりわけ近年、クローナル種のエリアが増えてきたため、クローナル種のみの茶畑をタールザム茶園と呼び、区別するようになった。

サングマ茶園の製茶工場。

サングマ茶園やリシーハット茶園など、いくつもの茶園の統括責任者を務めるA.K.Jha氏。ダージリンを牽引し、後輩の育成に励む紅茶作りの第一人者。

標高1250～1800mに広がるサングマ茶園の中にあるタールザム茶園では、クローナル種の茶樹だけを栽培。写真はクローナル品種のヨホバリが植樹された茶畑。

花の香りと豊かな果実味が、
幾層にも重なるプレミアム紅茶

タールザム茶園

TURZUM TEA ESTATE

インド・ダージリン ＊ INDIA, DARJEELING

余韻が長く、エレガンスの極致と絶賛されるトップクラスの名園・サングマ茶園の、クローナル種のみを生産しているのがタールザム茶園。近年、クローナル種の生産量が増えてきたため、クローナル種のみの茶畑をタールザム茶園と呼ぶことになった。特に「Yamada Bari」と名付けられた2.5haの茶畑は、厳選されたオリジナル茶樹が植えられ、高品質の紅茶作りを行うプレミアム・グレード畑。オーガニックガーデンとして日本の有機JAS認定やスイスIMO認定も取得している。

ダージリン西部、ネパールとの国境にほど近いランボンバレーの、標高1250～1800mに位置する。2001年の「YAMADA Bari」に続き、2002年には「YUMEKO Bari」、2007～2008年には「YOHO Bari」が、それぞれタールザム茶園の一角に植樹され、環境と茶樹の特徴を生かした高品質な茶葉を産出している。

DATA
創業：1863年／標高：1250～1800m／茶園面積：129ha
エリア：Rungbong Valley, Darjeeling／有機JAS認定取得、IMO認定取得
問い合わせ先：Leafull　http://www.leafull.co.jp

1st Flush YUMEKO Bari

[摘み採り時期] 4月　[茶樹] 中国交配種クローナル
[グレード] FOP　[色] 淡麦藁色
[香り] 花の香り　[味] 果実味
ストレートティー
300mℓ　3g　6分

銀緑色の茶葉に大きなシルバーチップが絡まるダイナミックにして美しい茶葉。シャンパンゴールドの水色に、デリケートな花の香り。蒸らし時間の経過とともに果実味が重なり、ますます力強く華やかになる。

2nd Flush YOHO Bari Clonal Himalayan Mystic

特に香味に優れた中国茶樹のクローナル茶葉を使用。スラリとした芯芽を持つ茶葉は、見た目にもダイナミック。美しいローズブラウンの水色。甘く優しい花の香りで、モルトウィスキーのようなコクのある味わいは、滑らかでいて重厚感のある飲み心地。

1st Flush

Autumnal

[摘み採り時期] 6月　[茶樹] 中国交配種クローナル
[グレード] FOP　[色] 濃オレンジ色
[香り] 優しい花
[味] モルトウィスキーのよう
ストレートティー
300mℓ　3g　6分

2nd Flush YUMEKO Bari

[摘み採り時期] 6月　[茶樹] 中国交配種クローナル

[グレード] FOP　[色] ローズブラウン

[香り] 花の香り

[味] 蜂蜜のように甘やか

ストレートティー

280〜300㎖　3g　6〜7分

ゆるやかに撚られた芯芽を含む大きな茶葉で、花束が溶け込んだかのような香りが印象的。飲むにつれ奥行きのあるムスクの香りと重なり、後味は鼻に抜けるフルーティーなアロマに。蜂蜜のような甘やかな味わいと、華やかで包み込まれるような香気を堪能できる逸品。

2nd Flush YAMADA Bari

[摘み採り時期] 6月　[茶樹] 中国交配種クローナル

[グレード] FOP　[色] ローズブラウン

[香り] 花の香り

[味] モルトウィスキーのようなコク

ストレートティー

280〜300㎖　3g　6〜7分

約160年前からの中国種で、特に香味に優れた茶樹を親木に持ち、挿し木で栽培された若い茶樹。スラリとした芯芽を持つ茶葉はダイナミックで力強い。あふれ出る甘く優しい花の香りに、なめらかで重厚感のある飲み心地の、余韻が残る逸品。

DATA
創業：1863年／標高：1250〜1800m／茶園面積：129ha
エリア：Rungbong Valley, Darjeeling／有機JAS認定取得、IMO認定取得
問い合わせ先：Leafull　http://www.leafull.co.jp

2nd Flush Himalayan Mystic

[摘み採り時期] 6月

[茶樹] 中国交配種クローナル [グレード] SFTGFOP1

[色] ローズブラウン [香り] 香ばしく甘い

[味] 熟した果実味

ストレートティー

280～300㎖ 3g 6～7分

独特の芳香を放つ最高品質のチャイナクローンP-312種。大ぶりな黒褐色の茶葉に白い芯芽が浮かび、力強くダイナミックな味わい。標高5500フィート以上のこの区画ならではの冷たい霧により、茶葉のアロマをより傑出したものにしており、セカンドフラッシュの旬の時期とオータムナルの限られた時期に顕著に現れる。

Autumnal Flowery CLONAL

[摘み採り時期] 11月

[茶樹] 中国交配種クローナル [グレード] SFTGFOP1

[色] 濃暗オレンジ色 [香り] 濃密な蜂蜜

[味] 豊醇なフルーツのよう

ストレートティー

300㎖ 3g 6分

金色の芯芽が、見え隠れするチョコレートブラウンの茶葉。充分に発酵した味わいは、フルーツが溶け込んだように豊醇。その香りは、ねっとりとした蜜に似て甘く香ばしく、味わいと相まって、優雅な余韻を残す。

紅茶の品種名に「CL《clonal》」の文字…。いったいこれは何の意味？リーフルの山田栄さんに教わる。

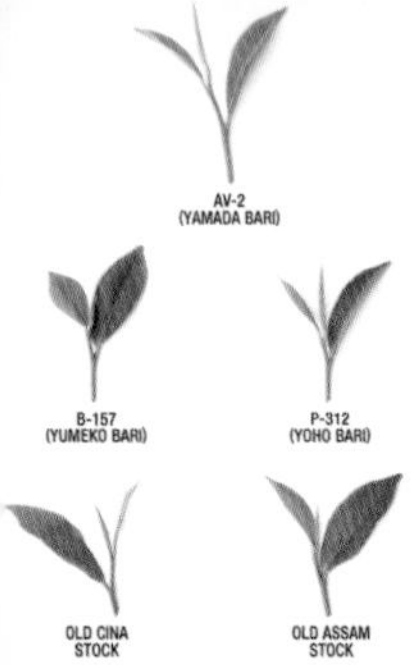

Q クローナル（Clonal）とはなんですか？

A 茶樹は、種子（実生）か挿し木で繁殖させます。挿し木栽培＝クローン栽培した茶樹をクローナルといい、「CL」と略されます。ダージリンに中国種の茶樹が根づいてから古いもので約150年（中には180年の茶樹も）。老齢化が進み、生産量が落ち、朽ちる茶樹も出てきました。そのため、香りや味わい、生産力、健康面で特に優れた茶樹を選定し、その親木から、挿し木（クローン）で同じ形質の茶樹を増やしています。優秀な茶樹の茶畑を作れば、効率良く育成も可能。中国種のクローナル、アッサム種のクローナル、ハイブリッド種のクローナルがあります。トクライ茶業研究所では様々なクローン苗の研究を行い、1949年に初めてのクローンを発表しました。

Q クローナルの長所は？

A 健康で優秀な茶樹を挿し木で増やすことで、種（実生）栽培より確実に優秀な茶葉の生産が見込めます。また、成長するまでのリスクが少なく、実生に比べてメンテナンス作業も少なく済みます。また一芯二葉のサイズが大きく、生産性が高いといえます。個性的でユニークなフレーバーの発現、美しい水色を持つ品種、厳しい自然環境にも強い茶樹、あるいは病虫害に強いなど目的によって長い年月をかけ、あらゆる角度から研究開発が行われます。

Q クローナルの短所は？

A 種（実生）栽培より、根が張らず、樹勢が弱く、樹齢が短いといわれます。また、開発には長い年月をかけて農科学的な見地から、様々な角度で研究が行われるため、苗の値段が高いことなどが挙げられます。

Q 種（実生）で増やす長所と短所は？

A 長所は根が深く広く張り、生命力が強く樹齢が長いこと。ダージリンの場合、厳しい気候条件の中で成長するため、中国種特有の高い香りと凝縮された味わいが顕著に出ます。優秀な茶樹の2nd Flushからは、実生の特徴であるマスカテルフレーバーが発現し、高い評価を得ています。短所は種からどんなキャラクターの茶樹になるか予想できないこと。発芽から成木になるまで害虫、自然災害から守るケアが必要で、じっくり育てるため生育が遅く、一芯二葉の葉が小くなり、生産性が低いことなどが挙げられます。

Q 挿し木栽培の方法とは？

A クローナル苗の繁殖は1枚の葉が付いた茎を使用して行われます。これらの挿し木は優秀な母木から採取した茎を使用します。土の入ったポリエチレン製の植木鉢に挿し、水と栄養を与えると茎から根が生えてクローン苗に育ちます。その後は植樹し、やがて茶樹に育ちます。

　季節は、春（4月中旬〜6月上旬）と、秋（9月下旬〜10月中旬）に行われ、1本の母木から、年間に50〜300本とれるといわれています。

Q ハイブリッド（Hybrid）種とはなんですか？

A 「交配種」のことです。中国種とアッサム種をうまく交配させると、中国種の繊細なフレーバー、凝縮した味わいに加え、アッサム種特有の成長の早さ、大きな葉、赤く濃い水色を持つ種子ができます。中国種に近い性質を持つものは中国交配種、アッサム種に近い性質のものはアッサム交配種などと呼ばれます。

（写真　クローナルのそれぞれの品種）山田さんの名がついたクローナル種がYAMADA BARI。他、インド・シリグリのNITM（National Institute of Tea Management）を卒業し、ダージリン農園で研修した娘の夢子さんの名がついたYUMEKO BARI、茶園訪問に同行を重ねている娘の世歩さんのYOHO BARIもある。茶葉は芳香、味、余韻それぞれに美しい個性を持ち、すべてオーガニック栽培で日本の有機JAS認証も取得。

果実や薔薇の美しい味と香りが特徴
ネパール国境の広大な茶園

タルボ茶園

THURBO TEA ESTATE

インド・ダージリン ＊ INDIA, DARJEELING

ダージリン西端近く、ネパールとの国境にある茶園。ダージリンでは、ロングビュー茶園に次ぐ広さ。キャッスルトンやマーガレッツホープなど各園を手がけ、ダージリン界を牽引する名マネージャーJ. D. ライGのもと、優秀な作り手が輩出され、品質生産量ともにトップレベルを誇る。茶園はミリクバレーにあり、丘あり谷ありの地形は日差しが少ない上、風が強く、気温が低い。この厳しい自然環境の力によって生まれる味わいと、繊細で個性的な芳香が持ち味。

1st Flush **DJ-1**

[摘み採り時期] 3月
[茶樹] 中国種　[グレード] FTGFOP1
[色] 淡黄金色　[香り] ローズ
[味] 繊細な旨味と甘味
ストレートティー
300㎖　3g　6分

薄緑色の若葉が、濃緑、黄緑、そして銀緑色の芯芽と交ざり合って美しく、茶葉を見ているだけでも楽しい。黄金色をした水色。若々しく春の生命感に満ちた香気。味わいは繊細で、かすかなローズの香りが印象的。深い余韻が残る。

DATA
創業：1872年／標高：762～1890m／茶園面積：129ha
エリア：Mirik Valley, Darjeeling
問い合わせ先：Leafull　http://www.leafull.co.jp

2nd Flush Special China Delight

[摘み採り時期] 6月

[茶樹] 中国種　[グレード] FTGFOP1

[色] 赤オレンジ色　[香り] マスカテルフレーバー

[味] 力強い甘味

☕ストレートティー

300mℓ　3g　5分

深みのある黒褐色の茶葉。葉の撚りも緻密だ。希少な中国種の茶葉を、丁寧に仕上げて作っている。力強い甘味と、濃密なマスカテルフレーバーが、深い充実感を感じさせてくれる。飲み応えある、夏摘み茶。

Autumnal Special China Delight

[摘み採り時期] 11月

[茶樹] 中国種　[グレード] FTGFOP1HS

[色] オレンジ色　[香り] 繊細な花香

[味] 果実味

☕ストレートティー

300mℓ　3g　6分

細くしっかりと撚られた茶褐色の茶葉には、秋の実りがギュッと詰まっている。水色は、清らかに澄んだオレンジ色。引き締まった味わいと、黒糖のよう甘味があり、喉越し爽やか。後口に、すっきりしたキレがある。

オークションで最高値をつけた2nd Flush
マスカテルフレーバーは、世界的に高評価

キャッスルトン茶園

CASTLETON TEA ESTATE

インド・ダージリン ＊ INDIA, DARJEELING

1989年から4年間連続で、オークション世界最高値を更新し続けた茶園。ワインで言うなら、さしずめ格付け特級ランキング。茶畑は、土、日差し、霧、露が茶の栽培に最適。しかも、栽培から加工まで、それぞれを高い技術の専門技術者が受け持ち、少量高品質な茶作りを行っている。紅茶製造技術の高さは、ダージリンの最高峰とも。どのシーズンも人気が高いが、特に2nd Flushのマスカテルフレーバーが、世界的に高評価だ。

1st Flush Special China

[摘み採り時期] 3月
[茶樹] 中国種　[グレード] FTGFOP1
[色] オレンジがかった黄色
[香り] 若葉やミントの香り　[味] 果実のような甘味
ストレートティー
300ml　3g　6分

青々した茶葉は、湯をさすと初々しい芯芽が広がり、見た目も美しい。イキイキした若葉の香りと、フルーツのような甘味を帯びた茶の味わいのバランスが良い。後口に、ミント系の爽やかなフレーバーが余韻を残す。

DATA
創業：1865年／標高：1065～1600m／茶園面積：250ha
エリア：Kurseong South, Darjeeling
問い合わせ先：Leafull　http://www.leafull.co.jp

2nd Flush Muscatel

[摘み採り時期] 6月

[茶樹] 中国種　[グレード] FTGFOP1

[色] 濃オレンジ色　[香り] マスカテルフレーバー

[味] 果実味

ストレートティー

300mℓ　3g　5分

全ての評価が高い茶園だが、中でも2nd Flushは、世界的に評価が高い。茶園の顔だ。飲み応えあるマスカテルフレーバーは、凝縮された果実のよう。

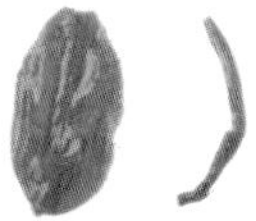

1st Flush

Autumnal Tippy Clonal

[摘み採り時期] 10月

[茶樹] 中国交配種　[グレード] FTGFOP1

[色] 赤オレンジ色　[香り] 花香

[味] 穏やかな旨味

ストレートティー

300mℓ　3g　6分

濃い赤褐色の茶葉の中から、所々、緑葉が覗く。穏やかな味わいの中にも深いコクがあり、後口に花香とイキイキとしたグリーンノートを残す。水色は赤みを増したオレンジ。秋になり、雪を抱くヒマラヤの麓で作られる逸品。

ダージリン鉄道が背景。
絵のような茶園の香り高い優雅な紅茶

ギダパール茶園

GIDDAPAHAR TEA ESTATE

インド・ダージリン ＊ INDIA, DARJEELING

ダージリン全87茶園のうち、インド人によって植樹された3つの農園の1つ。創業者のShow一族が、今も茶園主という歴史ある茶園だ。辣腕S.K.Shawマネージャーのもと、創業当時の伝統を受け継いだ紅茶作りで、茶樹は中国種系がメイン。家族経営による、愛情をこめた世話、丁寧な作業が行われており、シーズンごとの品質の高さに定評がある。紅茶の特徴は水色が明るく、香り高い優雅な味わい。また、茶園風景の美しさも有名。

1st Flush China Special DJ-1

[摘み採り時期] 3月
[茶樹] 中国種　[グレード] SFTGFOP1
[色] 黄緑色がかった淡麦藁色
[香り] 青い草の香り　[味] 果実味
ストレートティー
300mℓ　3g　6分

初摘み茶ならではの鮮やかな新緑色の茶葉は、とても爽やか。水色は、淡く黄緑色がかり、まろやかでキレのある果実味が広がる奥に、じっくりとした渋味が隠れている。すっきりした喉越し。ついもう一口と手が伸びる逸品。

DATA
創業1881年／標高1371～1585m／茶園面積94ha
エリア／Kurseong South, Darjeeling
問い合わせ先：Leafull　http://www.leafull.co.jp

2nd Flush China Delight

[摘み採り時期] 6月

[茶樹] 中国種　[グレード] SFTGFOP1

[色] 赤銅色　[香り] マスカテルフレーバー

[味] 熟した果実味

ストレートティー

300mℓ　3g　5分

力強く、くっきりとしたオレンジ色の水色は、2nd Flushらしい勢いを感じさせる。引き締まった茶葉の味わいが熟した果実味を包み込み、印象深いマスカテルフレーバーを醸し出す。爽快な夏摘みの茶葉。

1st Flush

Autumnal China Special

[摘み採り時期] 11月

[茶樹] 中国種　[グレード] FTGFOP1

[色] 濃オレンジ色　[香り] 甘い果実の香り

[味] かすかにスパイシー

ストレートティー

300mℓ　3g　5分

黒褐色の茶葉からのぞくチョコレート色の茶葉は、濃く落ち着いた色合い。実りの秋らしい、ギュッと詰まった充実感を覚える。水色は、赤みを帯びたオレンジ色。すっきりしたすみれのような花香が、穏やかながら深い余韻を残す。凝縮感のある味わい。

150年来の中国茶樹の茶葉を使った
芳醇で濃密なおいしい紅茶

マーガレッツホープ茶園

MARGARET'S HOPE TEA ESTATE

インド・ダージリン ＊ INDIA, DARJEELING

ダージリンの中央、カシオン・ノースバレー、ヒマラヤ山頂を望む標高1830mの高い谷間に広がる。園内には2本の川が流れ、樹木、草花、苔、蘭の花など幻想的なエリア。創業時の茶園名はバラリントン(BARA RINGTONG)。オーナーの娘マーガレットがこの土地の美しさに魅了され、英国に帰る前「またここへ戻る」と約束。だがその帰途、病に倒れ13歳で夭逝。夢が果たせなかった娘を思い「マーガレッツホープ」と1927年に命名。

1st Flush China Special DJ-1

[摘み採り時期] 3月
[茶樹] 中国種　[グレード] FTGFOP1
[色] 淡橙色　[香り] 甘い香り
[味] 心地よい渋味
ストレートティー
300mℓ　3g　6分

高品質な中国種の茶樹、しかも150年来の老木から採れた葉。よく撚られた濃緑の茶葉。香りは、甘くふくよかで、水色は美しい淡いオレンジ色。若葉の持つ心地よい渋味があり、甘味はフルーツを思わせる。

DATA
創業：1862年／標高：915～1830m／茶園面積：578ha
エリア：Kurseong North, Darjeeling
問い合わせ先：Leafull　http://www.leafull.co.jp

2nd Flush Muscatel

[摘み採り時期] 6月

[茶樹] 中国種　[グレード] FTGFOP1

[色] 濃オレンジ色　[香り] マスカテルフレーバー

[味] 芳醇なコク

ストレートティー

300㎖　3g　5分

夏の日差しを浴び、旨味を増した2nd Flushの魅力が存分に味わえる。甘く香ばしいマスカテルフレーバーから始まり、芳醇でコクのある濃密な味わいへ、深く長い余韻が楽しめる。

1st Flush

Autumnal Special China 150years Delight

[摘み採り時期] 11月

[茶樹] 中国種　[グレード] FTGFOP1

[色] 濃オレンジ色　[香り] 秋の草花の香り

[味] 蜂蜜のよう

ストレートティー

300㎖　3g　6分

マーガレッツホープ茶園生誕150年記念茶。茶園で働く98歳最古老へのセレブレーションティー。蜜を思わせる深い味わいと、秋の草花のような優しい香り。朱色がかった水色も艶がある。茶園の歴史と経験から生まれた秋の傑作。総量20kgで数量限定品。

DARJEELING

もぎたての果実の甘味、
奥深い魅力に満ちた自然栽培の紅茶

リシーハット茶園

RISHEEHAT TEA ESTATE

インド・ダージリン ＊ INDIA, DARJEELING

RISHEEHATは、ネパール語で「聖人の場所」、聖なる茶畑の意。昔から受け継がれてきた中国種の茶樹が中心で、若々しい香りの紅茶を1st Flushで作るのが得意。紅茶の品質改善に意欲的に取り組み、定期的に製茶工場を改装。オーガニック栽培に力を入れている。品質と生産量を両立している数少ない茶園。日本の有機JAS認定も受け、ISO9002も取得。大部分の茶畑は急斜面で、茶摘み作業は大変だが、出来上がりの品質は非常に高い。

1st Flush China Flowery DJLC-1

[摘み採り時期] 3月

[茶樹] 中国種　[グレード] FOP

[色] 淡黄金色　[香り] 石楠花《しゃくなげ》の香り

[味] 果実のような甘味

ストレートティー

300mℓ　3g　6～7分

紅茶をいれると、一芯二葉の美しい葉がそのまま開く。摘み取りから、製茶に至るまでの、作り手の丁寧な仕事が一目瞭然だ。石楠花のような上品な香りと、もぎたての果実のようなほのかな甘味があり、奥深い魅力に満ちた紅茶。

DATA
創業：1860年／標高980～2050m／茶園面積141ha
エリア：Darjeeling East, Darjeeling／有機JAS認定取得
問い合わせ先：Leafull　http://www.leafull.co.jp

1st Flush Flowery

[摘み採り時期] 2月

[茶樹] 中国種　[グレード] FTGFOP1

[色] シャンパンゴールド

[香り] 石楠花の花の香り

[味] 果実のようなほのかな甘味

ストレートティー

280～300㎖　3g　6～7分

銀緑色の初々しく、春一番を感じさせる茶葉。石楠花の花のような清らかで上品な香りと、もぎたての果実のようなほのかな甘味には奥深さを感じる。やわらかな春の日差しの中、すっと顔を出した新芽を注意深く手摘みして丁寧に作られた、12㎏しか生産されていない特別な限定茶。

2nd Flush China Musk

[摘み採り時期] 6月

[茶樹] 中国種　[グレード] SFTGFOP1

[色] オレンジ色

[香り] マスカテルフレーバー

[味] 熟酵した果実

ストレートティー

280～300㎖　3g　5～6分

針のようにしっかりと撚られ、美しく仕上がった黒褐色の茶葉。たっぷり含まれたシルバーティップが躍るように浮かび、水色はセカンドフラッシュの魅力たっぷりのオレンジ色。甘く香ばしいアロマが、熟酵したフルーツのような味わいと調和して、力強いマスカテルフレーバーを感じる。しっかりしたボディが印象的な夏の味。

column 10

TEA TASTING

タルボ茶園のテイスティングルーム。取引に入る前に生産者側が鑑定を行い、品質、販売価格を検討する。

紅茶は、どのように日本へ来るのか？

1984年にインド紅茶局が紅茶取引管理令を定め、販売方法を特定した。生産量の75%は、オークションシステムを通じて販売するよう、強制的に決められたのだ。

それが、2000年に条文が改正され、茶園は好きなシステムで販売できることになった。今まで通りオークションに出品するほか、プライベート・セール、ダイレクト・セールという選択肢も認められた。

プライベート・セールは、オークション開催前にブローカーが、

サングマ茶園のテイスティングルーム

バイヤーに紅茶サンプルを送り、売買交渉する。買い取りが決まれば、オークションには出品せず、カタログ欄は出品取り消しとなる。

　ダイレクト・セールは茶園から、世界各国のバイヤーに直接販売すること。ブローカーが介入しない。バイヤーの利点は、オークション開催まで待つことなく、いち早く茶葉を購入できる。価格は、直接交渉となる。

　茶葉購入に当たっては、高度なテイスティング技術が必要となる。品質の見極め、適正価格の判断。厳しい評価と正しい判定が求められる真剣勝負だ。

タルボ茶園でテイスティングするリーフルの山田栄さん

アッサム＆ニルギリ茶園地図
ASSAM & NILGIRI TEA ESTATE MAP

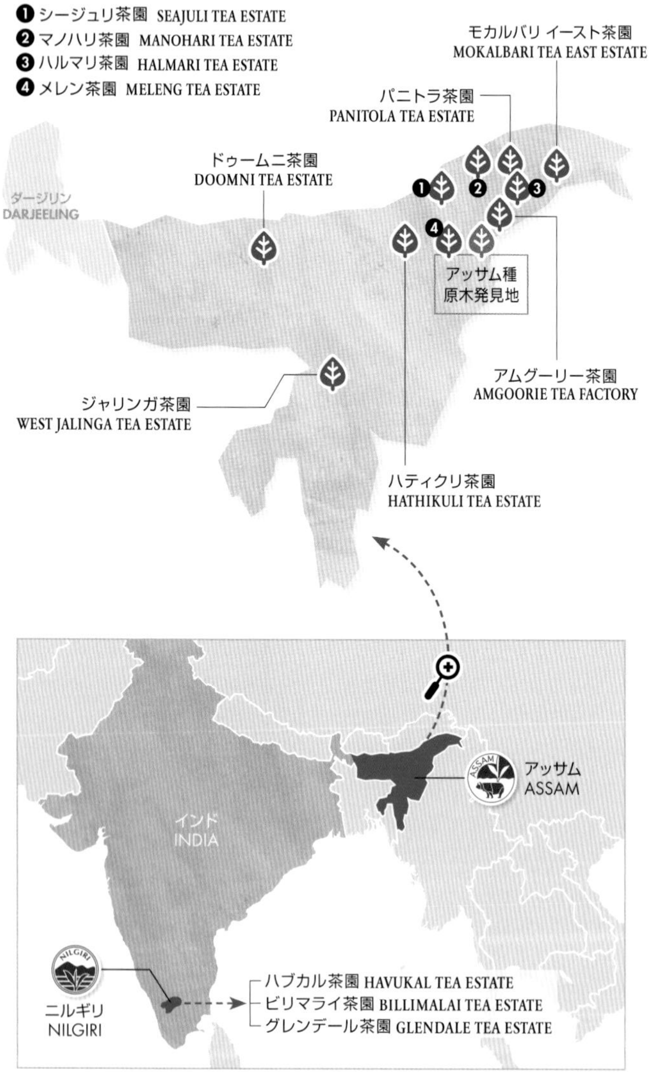

国立公園の隣、象が頻繁に遊びにくる有機栽培の茶園

ハティクリ茶園

HATHIKULI TEA ESTATE

インド・アッサム ＊ INDIA, ASSAM

世界遺産のカジランガ国立公園に隣接し、公園から象がしばしば訪れることから、象「ハティ」が、頻繁「クリ」に通う意味の茶園名だ。茶園に来る象と環境保護のため、有機農法に切り替えた。ジャングルのハーブから抽出する調合剤や、虫によって作られた肥料などを使う、独自の有機栽培農法を実践。微生物が棲む土、土から育つ植物、植物を食べる動物、全てが互いに関連し合う環境作りに力を入れる。2013年には、有機JAS認定も取得。CTC茶だけでなく、リーフティーも作っている。

オーガニック・アッサム紅茶　オーソドックス

力強い発酵により香りは芳醇で、やわらかい渋味とコクがある。ミルクを加えても、ストレートでもおいしい。

[摘み採り時期] 通年	[茶樹] アッサム交配種
[グレード] TGFOP	[値段] 1296円/100g
[色] 暗赤褐色	[香り] 芳醇
[味] まろやか	

ストレートティー、ミルクティー

500ml　5g　3分

DATA
創業：1908年／標高88m／茶園面積475ha
エリア：Golaghat, Assam ／有機JAS認定取得
問い合わせ先：Makaibari Japan　https://www.makaibari.co.jp/

茶樹の力を活かすハーブと
牛・ヤギ共存の自然栽培

ジャリンガ茶園

WEST JALINGA TEA ESTATE

インド・アッサム ＊ INDIA, ASSAM

アッサム南部カチャールの小高い丘に広がるジャリンガ茶園。2001年より化学肥料や農薬を一切使用せず、茶樹が本来持つ自生力や免疫力を活かすべく、ハーブを利用したオーガニック栽培を実践。インドに古くから伝わる経典「ヴェーダ」からヒントを得た独特の栽培法だ。敷地には、牛とヤギが放し飼いされ、その数は人間より多いほど。また、そのフンも栽培に役立て、動物との共存も美味しい紅茶作りに一役買っている。2014年に有機JAS認定を取得。

WEST JALINGA ORGANIC ASSAM CTC

粒揃いのCTC茶葉。濃醇な香りと、しっかりしたボディーの深み、まろやかな味わい。ミルクティーにぴったり。

[摘み採り時期] 通年　[茶樹] アッサム交配種
[グレード] CTC　[値段] 972円/100g
[色] 濃赤褐色　[香り] 濃醇
[味] 果実のような甘味
ストレートティー、ミルクティー
500mℓ　5g　3～5分

DATA
創業：1960年／標高：約22m／茶園面積 約1400ha
エリア：Cachar, Assam／有機JAS認定取得
問い合わせ先：Makaibari Japan　https://www.makaibari.co.jp/

ゴールデンチップ入りの
芳醇なプレミアムアッサムティー

モカルバリ イースト茶園

MOKALBARI TEA EAST ESTATE

インド・アッサム ＊ INDIA, ASSAM

アッサム地方で、最も高品質なオーソドックスティーを作る茶園の一つと言われる。香りの素晴らしさに定評あり。T字形を描くアッサム地方の右上、つまり東北の端近く、ブラマプトラ川南岸に広がっている。伝統製法による良質な紅茶作りを、真摯に実践。最良の茶樹を求めて、代々品種改良と土壌の改良を怠らない一方、手摘みによる作業は守り続けている。進取の気性があり、隅々まで行き届いた、情熱を注いだ紅茶作りだ。欧州を始め、世界各国の紅茶好きに、その名前を認知されている。

ASSAM MOKALBARI EAST

[摘み採り時期] 5月　[茶樹] アッサム交配種
[グレード] STGFOP1-S　[値段] 1200円～/50g
[色] 澄んだ赤褐色
[香り] モルトウィスキー
[味] エレガントな甘味
ストレートティー、ミルクティー
180mℓ　2.5g(茶さじ中盛り1杯)　3～4分

ゴールデンチップがちりばめられた、漆黒褐色のオレンジペコは、丁寧に仕上げられたことが一目瞭然。アッサムならではの芳醇さがありながら、茶葉の持つ繊細な甘味、モルトウィスキー風の上品な香りを上乗せしている。

DATA
創業：1876年／標高：不明／茶園面積：811ha
エリア：Diburugarh, Assam
問い合わせ先：紅茶専門店TEAPOND　http://www.teapond.jp/

卓越した技術と、惜しみない労力が生み出す
ヴィンテージアッサム

ハルマリ茶園

HALMARI ESTATE

インド・アッサム ＊ INDIA, ASSAM

90年の歴史を持ち、卓越した技術により、高品質な紅茶としてヨーロッパで高い評価を得ている名門茶園。オークションでは、常に高額で取引されている。アッサムでも、特に名産地と呼ばれるエリアにあり、美しく豊かな自然に恵まれた小さな茶園。オーソドックス製法の高級茶を作り続けているのは、貴重だ。夏の初めに、手摘みの新芽を選り分けて少量作られる、ハルマリのダブルG(GTGFOP)は、ハルマリ・ゴールドとして人気のあるティッピーなアッサムの最高峰。

PREMIUM ASSAM

[摘み採り時期] 7月

[茶樹] アッサム交配種　[グレード] GTGFOP1

[値段] 1800円/50g　[色] オレンジ色

[香り] 蜜香　[味] 芳醇なコク

ストレートティー

180㎖　2.5g(茶さじ中盛り1杯)

沸かしたての熱湯 3〜4分

茶葉は贅沢感あふれる芯芽の発酵したゴールデンティップが主体。水色は澄み切って美しいオレンジ色。ミルクを入れずに飲んでほしいアッサムです。モルティーでコクがありながらも爽やか。

DATA
創業：1930年／標高：100m／茶園面積：374ha
エリア：Khowang, Diburugarh, Assam
問い合わせ先：tastea　http://tea-auction.net/

美しいゴールデンティップを含む茶葉で人気の品種
「パニトラ」の由来となった茶園

パニトラ茶園

PANITOLA TEA ESTATE

インド・アッサム ＊ INDIA, ASSAM

アッサム地方の東端ティンスキアにある茶園で、700haの作付面積を誇る。特に美しいゴールデンチップを多く含む人気の茶葉「パニトラ」は、この茶園に由来し、アッサムティー全体の人気を押し上げたとして、一目置かれる茶園の一つである。しっかりしたフルボディの味わいながら、渋味が少ないため、ストレートで飲むのもおすすめ。独特なスパイシーなアロマを感じさせつつ、モルティーな余韻が味わえる。一度飲んだら忘れられない極上のおいしさだ。

2nd Flush ASSAM

[摘み採り時期] 6月　[茶樹] アッサム交配種

[グレード] GFBOP

[色] 澄んだ赤褐色

[香り] モルティー

[味] スパイシーなアロマ

ストレートティー、ミルクティー

300ml　3g　3～4分

しっかりとしたフルボディの味わい。独特なスパイシーなアロマを感じた後は、モルティーなアフタートーンが楽しめる。ストレートティーもおすすめだが、ミルクティーも飲みごたえがあって、おいしい。

DATA
創業：1882年／標高：100m／茶園面積：685ha
エリア：Tinsukia, Assam
問い合わせ先：Leafull　http://www.leafull.co.jp

CTC製法の専用マシンの開発を皮切りに
進化を続けるパイオニア的な茶園

アムグーリー茶園

AMGOORIE TEA FACTORY

インド・アッサム * INDIA, ASSAM

ブラマプトラ川の南岸に位置する茶園。この地域には古いマンゴーの木がたくさんあり、「マンゴー」を意味する「Aam」、「マンゴーの木の根」を意味する「Guri」が名前の由来だと言われている。1931年、WG Mckercher卿により、CTC製法の専用機械が開発・製造された茶園としても、その名を馳せている。2010年に建てられた新工場は、業界でも特に近代的・衛生的で、環境にもやさしいと高評価。アッサムを代表する茶園のひとつである。

2nd Flush STGFOP1S

[摘み採り時期] 6月　[茶樹] アッサム交配種
[グレード] TGFOPS
[色] 明るい赤褐色
[香り] 甘くふくよか
[味] 果実味と深いコク
ストレートティー、ミルクティー
280〜300㎖　3g　4〜5分

甘くふくよかな果実味を感じさせる味わいは、まずはストレートティーで楽しみたい。渋味は少ないが、しっかりとしたコクがあるので、ミルクティーにも。画期的なCTC製法の特徴を存分に味わって。

DATA
創業：1931年／標高：100m／茶園面積：不明
エリア：Sivasagar, Assam
問い合わせ先：Leafull　http://www.leafull.co.jp

ASSAM

小さいながらも息をのむほど美しい茶園で
作られるクローン挿し木による高品質な茶葉

シージュリ茶園

SEAJULI TEA ESTATE

インド・アッサム ＊ INDIA, ASSAM

ブラマプトラ川の北側、アルナーチャルプラデーシュ州とヒマラヤ山脈の境界に位置する茶園。地元で見つかったシールナハール植物と、近隣に数多く見られる小川（「ジュリ」）が名前の由来と言われるシージュリ茶園。クローン挿し木により高品質な茶葉を生産し、業界内でも存在感を示している。規模としては大きくないものの、息をのむほど美しい茶園として知られ、アッサムティーの歴史とともに何十年にもわたり、おいしい紅茶を作り続けてきた名園である。

2nd Flush スペシャルリーフ

[摘み採り時期] 6月　[茶樹] アッサム交配種

[グレード] FBOP

[色] 明るい褐色

[香り] 華やかで軽やか

[味] しっかりとした渋み

ストレートティー、ミルクティー

280～300mℓ　3g　3～4分

細くしっかりと撚られた茶葉は、華やかな香りと明るい褐色が特徴的。見た目よりもしっかりとした渋味がある。コクはそれほどなく、比較的すっきりとした味わいなので、ミルクティーならしっかり蒸らすとよい。

DATA
創業：1931年／標高：100m／茶園面積：294ha
エリア：Dirgha Majgaon, Assam
問い合わせ先：Leafull　http://www.leafull.co.jp

**メレン川の両岸に広がる高品質な茶園は、受賞歴多数。
地域の雇用や福祉活動にも大きく貢献している**

メレン茶園

MELENG TEA ESTATE

インド・アッサム ＊ INDIA, ASSAM

メレン川のほとりにある茶園で、川の両岸に茶畑が広がる。茶園には、高品質のゴールデンティップを含むオーソドックス製法の品種と、CTC製法のための品種が、ともに植えられており、その品質の高さにより、インドのティーボードから多くの権威ある賞を受賞している。またこの茶園では、働きやすい環境を整えて労働の場を提供するなど、地域の雇用にも貢献している。

2nd Flush クローナルスペシャルリーフ

[摘み採り時期] 6月
[茶樹] アッサム交配種クローナル
[グレード] FTGFOP　[色] 明るい褐色
[香り] モルティーな甘味
[味] しっかりとしたボディ
ストレートティー、ミルクティー
280〜300㎖　3g　5〜6分

ゴールデンティップをふんだんに含むオーソドックス製法のスペシャルな2nd Flush。モルティーな香りと、しっかりとした味わいで、クオリティシーズンならではの甘味をストレートティーでぜひ。もちろんミルクティーもおいしい。

DATA
創業：1852年／標高：88m／茶園面積：840ha
エリア：Jorhat, Assam
問い合わせ先：Leafull　http://www.leafull.co.jp

ハルマリ茶園・マノハリ茶園と常にトップを競り合う
今、飲むべきアッサム最高峰の茶園のひとつ

ドゥームニ茶園

DOOMNI TEA ESTATE

インド・アッサム ＊ INDIA, ASSAM

　ブラマプトラ川北岸のブータン国境に近い場所にある、アッサム最高峰の茶園の一つ。ハルマリゴールドで有名なハルマリ茶園(p.92)や、マノハリ茶園(p.98)とともに、常にトップ争いをする茶園。近年はウーロン茶や白茶など野心的なグレードも発表している。下記の紅茶は6～7月のベストクオリティシーズンに毎週1～2ロットのみ作られる特別な紅茶で、この時期のオークションでは、ダージリンの有名茶園を押さえて最も高値で落札されている。

PREMIUM ASSAM Doomni T.E. GTGFOP1 CL

[摘み採り時期] 6月(ベストクオリティシーズン)

[茶樹] 茶園選抜種クローナル

[グレード] GTGFOP1(CL) (CL):クローナル1:1番メッシュ

[値段] 1800円/50g　[色] 明るい茶褐色

[香り] モルティー　[味] 高級ワインにも似た渋味

ストレートティー

360mℓ　5g　3～4分

GTG(ダブルジー)グレードの特徴であるゴールデンティップを大量に含む。赤ワインにも似た水色で、ミルクに負けない渋味と昔ながらのモルティーな香りを持つ逸品だが、ぜひストレートでも飲んでいただきたい。

DATA
標高：40～90m／茶園面積：805ha
エリア：Nalbari, Assam
問い合わせ先：tastea　http://tea-auction.net/

ダージリンのファーストフラッシュより高価で稀少。
日本では知られざるアッサムの最高峰茶園

マノハリ茶園

MANOHARI TEA ESTATE

インド・アッサム ＊ INDIA, ASSAM

　ミャンマーとの国境に近いブラマプトラ川南岸の東部ディブルガルにあるアッサム最高峰茶園の一つ。2019、2020年にダージリンを押さえ、2年連続でオークションレコードを更新。爽快でモルティーな味わい、フルボディーで軽い柑橘系の香りで、ミルクティー向き。GTGFOP1グレードのアッサムはダージリンのファーストフラッシュより高価でロットも多いが、強烈な渋味のため、ほとんどが硬水地域の中東やEUで流通、日本では存在すら知られていなかった。

PREMIUM ASSAM Manohari T.E GTGFOP1(CL)

[摘み採り時期] 6月のベストクオリティシーズン
[茶樹] 茶園選抜種クローナル
[グレード] GTGFOP1(CL) (CL)：クローナル1：1番メッシュ
[値段] 1800円/50g　[色] 明るい赤褐色　[香り] 蜜香
[味] GTG(ダブルジー) 独特なシャープな渋味
ミルクティー、ストレートティー
360㎖　5g　3〜4分

6〜7月のベストクオリティシーズンにわずかに作られるプレミアムな紅茶で、ゴールデンティップが茶葉の半分ほどを占めている。赤く美しい水色、バランスのよい味わい、高品質な蜜香。

DATA
標高：120m／茶園面積：233.30ha
エリア：Dubrugarh, Assam
問い合わせ先：tastea　http://tea-auction.net/

科学物質をほとんど使わず、環境にも配慮した
ニルギリを代表する名茶園のひとつ

ハブカル茶園

HAVUKAL TEA ESTATE

インド・ニルギリ ＊ INDIA, NILGIRI

南インドのニルギリ山脈の東斜面に位置する茶園。ここで紅茶の栽培が始まったのは、1900年代初頭。以来、高品質な茶葉のクローン種が植えられ、家族経営で続けられてきた。姉妹茶園であるワーウィック茶園と共に、トラストティーなど数々の認証を受け、エリアによってはオーガニックとフェアトレードの認証も。また労働環境を整え、子どもたちの教育訓練を行うなど、包括的な福祉にも力を入れ、地域全体に貢献する茶園として知られている。

フロストティー

[摘み採り時期] 冬　[茶樹] 中国交配種クローナル

[グレード] SFTGOP

[色] オレンジ色

[香り] 甘く華やか

[味] フルーティー

ストレートティー

280～300mℓ　3g　5～6分

寒暖差の激しい高地で育てられた茶葉は、爽やかな白ワインのようなフルーティーな香りと、甘い余韻が魅力。ストレートティーで味わえば、その軽やかで品のあるおいしさを、よりダイレクトに感じられる。

DATA
創業：1910年／標高：1670～1830m／茶園面積：不明
エリア：Kotagiri, Nilgiri
問い合わせ先：Leafull　http://www.leafull.co.jp

グリーンティー専業茶園が2012年に起ち上げた
紅茶ブランド「AVATAA」

ビリマライ茶園

BILLIMALAI TEA ESTATE

インド・ニルギリ ＊ INDIA, NILGIRI

ビリマライ茶園は、南インドのブルーマウンテンと呼ばれるニルギリで、古い歴史を誇る緑茶生産の専門茶園。通常は、緑茶のみを生産。紅茶は作っていない。標高は、海抜1900ｍと高く、茶園の頂上に上がると、眼下にニルギリ地方を見渡す絶景が広がる。レインフォレスト・アライアンス認証を取得しており、生物多様性と、サスティナブルな環境を保全している特別な茶園でもある。2012年から、アバターティーシリーズのワンアイテムとして、限定生産の紅茶を作り始めた。

ビリマライ茶園　アバター　シルバーティップ

BILLIMALAI AVATAA SILVER TIPS

[摘み採り時期] 3月　[茶樹] クローナル

[グレード] AVATAA SILVER TIPS

[値段] 2200円/30g　[色] 黄金色

[香り] 爽やかな青い芳香

[味] 軽やかな旨味と渋味

ストレートティー

360ml　5〜8g　4〜6分

新しく芽吹いた芯芽のみを手摘み、丁寧に製茶されたシルバーティップ。抽出中、茶葉が、徐々に開いていく様子が美しく、ガラスポットで楽しみたい。新鮮さを味わえる紅茶。

DATA
創業：1919年／標高：1900m／茶園面積：100ha
エリア：Katary, Coonoor, Nilgiris,Tamil Nadu
問い合わせ先：tastea　http://tea-auction.net/

「クルリクルリ」という名の
ウインタースペシャルティー

グレンデール茶園

GLENDALE TEA ESTATE

インド・ニルギリ ＊ INDIA, NILGIRI

紅茶には珍しい、ウインタースペシャルティー。ニルギリでは、1〜2月に特別クオリティーの高い紅茶を作る。茶葉の品質が最も良くなる時期に、芯芽を選び、一芯一葉を丁寧に撚った名品だ。南インド屈指の名門グレンデール茶園は､高級紅茶を作ることで有名。ニルギリが､コーヒー豆を生産していた時代から続き、創業から160年の歴史を誇る。蒸気機関車、ニルギリ山岳鉄道が、いまだに現役で茶園内を走っているのもすごい。レインフォレスト・アライアンス認証を取得。

グレンデール茶園　グレンデールトワール
GLENDALE TWIRL

[摘み採り時期] 1月　[茶樹] アッサム交配種

[グレード] GLENDALE TWIRL

[値段] 2400円/30g　[色] 黄金色

[香り] 花のような爽やかな香り

[味] 爽やかな風味

ストレートティー

360ml　4〜5g　4〜5分

茶名の「GLENDALE TWIRL」は、クルリクルリの意。質の高い新芽を選び、一芯一葉を、その名のとおり、丁寧に撚って作られている。水色は、まさしく黄金色。クセがなく、味わい爽やかだ。

DATA
創業：1860年／標高：1200〜1800m／茶園面積：180ha
エリア：Coonoor, Nilgiris, Tamil Nadu
問い合わせ先：tastea　http://tea-auction.net/

ネパール茶園地図
NEPAL TEA ESTATE MAP

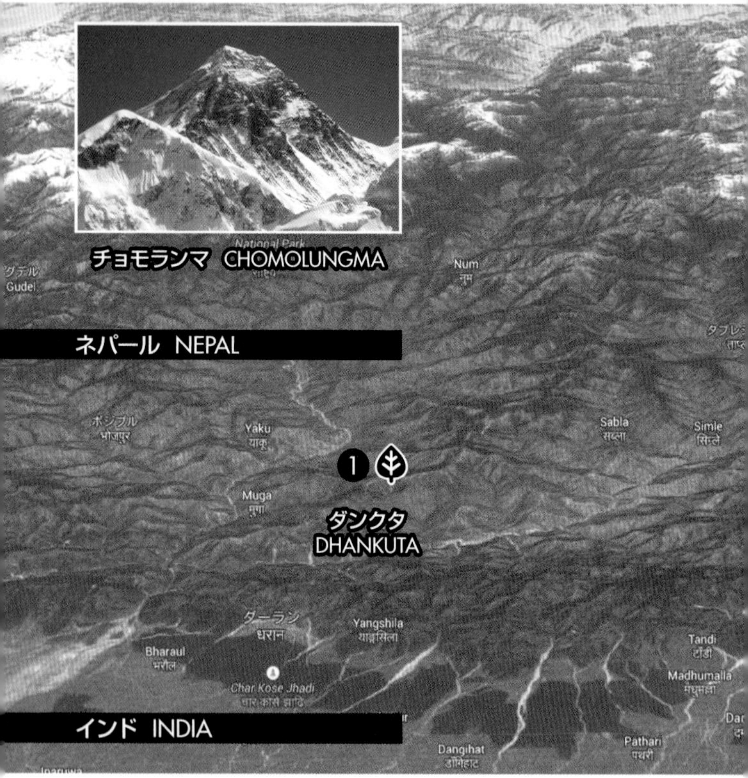

世界最高峰チョモランマ、第三峰カンチェンジュンガの麓。ネパールの茶園は、ヒマラヤ山脈に抱かれるように広がっている。美しく、豊かな自然に恵まれた標高1000 ～ 2200mの山岳茶産地。

ネパールには、オーソドックス製法の製茶工場が大小合わせて175軒、CTC工場が30軒あり、14000軒ほどの小規模茶農家のほとんどが、製茶工場の契約農家として茶樹を栽培、生葉を出荷している。インドなどの生産事情と大きく異なる点だ。

グランセ茶園 GURANSE HAND ROLLED FLORAL

手摘みと手揉みの技術で仕上げた上級グレード。黄金色の水色、柑橘のような爽やかな渋みと、甘く透明感ある味。

問い合わせ先：tastea http://tea-auction.net/

石楠花《しゃくなげ》を思わせる甘い香り、
気品に満ちたネパールの名門茶園

グランセ茶園

GURANSE TEA ESTATE

ネパール・ダンクタ ＊ NEPAL, DHANKUTA

グランセとは現地語で石楠花《しゃくなげ》のこと。ネパールの国花である。茶園名通り、フローラルで馥郁《ふくいく》たる香りと気品ある甘味が特徴。国内で最も標高が高く、最高地点は海抜2000m以上。ヒマラヤ大自然の懐に抱かれた東部ダンクタエリアに茶畑が美しく広がる。量より質の高さを重視し、手摘みの一芯二葉を、手揉みで丁寧に仕上げる。有機栽培にも力を入れ、オーストラリア「NASSA」のオーガニック認証を取得。

2nd Flush White Tips

[摘み採り時期] 夏
[茶樹] 中国交配種クローナル
[グレード] FOP
[色] 黄金色　[香り] 甘い花の香り
[味] 爽やかな甘味
ストレートティー
300mℓ　3g　5～6分

銀色に輝く見事な芯芽が特徴の手揉み茶葉。水色は黄金色、ふっくらとした一芯二葉が美しく広がる。可憐な花を思わせる甘くやさしい香り、たおやかなフレーバーは気品に満ち、凛とした印象を湛えている。

DATA
創業：1955年／標高：1100～2200m／茶園面積：158ha
エリア：Hile, Dhankuta, Nepal
問い合わせ先：Leafull　http://shop.leafull.co.jp

深い霧が高品質の茶葉を育てる
ダージリンに隣接する新興ネパール茶園

ミストバレー茶園

MIST VALLEY TEA ESTATE

ネパール・イラム * NEPAL, ILAM

その名のとおり「霧深い谷」に広がる。1989年創業の、まだ比較的若い茶園。ネパール東部イラム地方、標高約1300m。ダージリンのすぐ近く、距離にして40キロほどの茶園だ。ダージリンの製茶技術者との交流も頻繁。紅茶のスタイルやクオリティシーズンなどを同じくする、ダージリンタイプの紅茶作りをしている。紅茶のクオリティは、かなり高い。また、茶園と、茶摘みの人たち、自然環境との共生を掲げ、ホリスティックな農業にも取り組んでいる。2017年オーガニック認証取得。

MIST VALLEY TIPPY

[摘み採り時期] 11月

[茶樹] 中国交配種クローナル

[グレード] SFTGFOP1 [値段] 1242円〜/50g

[色] 蜂蜜色 [香り] 春の花

[味] フレッシュでさっぱり

ストレートティー

180ml 2.5g 3〜4分

11月収穫のこの茶葉は、どこか春摘みを思わせるスッキリした口当たり。秋摘みならではの落ち着きに加えて、春に咲くイキイキした花の香りもある。蜂蜜色の水色の逸品。

DATA
創業：1989年／標高：1300m／茶園面積：10ha
エリア：ILAM, Nepal
問い合わせ先：紅茶専門店TEAPOND http://www.teapond.jp/

スリランカの紅茶の産地
SRI LANKA'S TEA PRODUCTION AREA

紅茶の栽培に適した熱帯の気候と肥沃な大地に恵まれた紅茶の島。南北に山脈が走り、その山岳地帯を中心に7つの特徴ある生産地に分かれる。標高差、季節風の影響により、一年を通じてバリエーション豊かな紅茶を作り出す。かつての国名「セイロン」から、今もスリランカ産の紅茶は「セイロンティー」と呼ばれる。

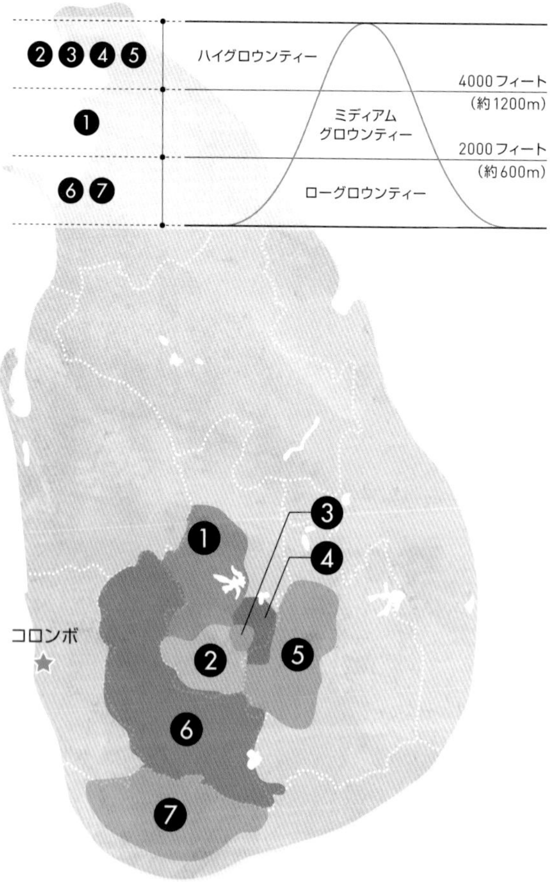

❶ キャンディ KANDY

スリランカで、最初に紅茶が作られたエリア。水色が美しくくせのない紅茶で、渋味が少なく飽きがこない、杏のような甘味が特徴。アイスティーや、アレンジティーのベースとしてもおすすめ。

❷ ディンブラ DIMBULA

ウバと山を挟んで反対側に位置。フラワリーのアロマに、熟したフルーツのような味で、一年を通じてとてもバランスの良い紅茶が採れる。ミルクティーにすれば、カフェオレのような味が楽しめる。

❸ ヌワラエリヤ NUWARA ELIYA

島内で最も高地にある産地。寒暖の差が大きく、香味ある茶葉が育つといわれる。ハイグロウン製法で、香り高く、水色が薄い紅茶が作られる。きりりと引き締まった紅茶はストレートティー向き。

❹ ウダプッセラワ UDA PUSSELLAWA

ヌワラエリヤ、ウバ、キャンディに隣接し、一年を通じて唯一、7〜9月、12〜3月の2回のクオリティシーズンが楽しめる。美しく赤みがかったオレンジ色の水色、深みのあるバランスのよい味わい。

❺ ウバ UVA

ダージリン、キームンと並ぶ世界三大銘茶の一つとも称される山岳の紅茶。クオリティシーズンは7〜9月。山脈の東側に位置するウバは、季節風の影響などで爽やかな風味と香りが特徴とされる。

❻ サバラガムワ SABARAGAMUWA

旧ルフナの産地を南北に分け、北部がサバラガムワという新産地に。シンハラージャ森林保護区周辺の肥沃な大地で育った紅茶は、蜂蜜に包まれたかのような甘みとコクが楽しめる。

❼ ルフナ RUHUNA

高い気温で、茶葉の発酵が強いため、濃い紅茶色。スモーキーでコクがあり、アメリカンコーヒーのようなほろ苦さが味わえる。主にロシアや中東向けに輸出され、日本では珍しい紅茶だが、日本の水との相性がよい。

イギリス風景式庭園そのまま、
風光明媚な地で作られる華やかな紅茶

ロスチャイルド茶園

ROTHSCHILD TEA ESTATE

スリランカ・キャンディ ＊ SRI LANKA, KANDY

ハイグロウン、ローグロウン……と区分されるセイロンティーだが、その基準は茶畑ではなく、製茶工場の標高で決まる。この茶園の分類はミドルグロウンティー。茶園名を冠した道路をくねくねと上っていった頂上に茶園が広がり、コロニアル風のイングリッシュガーデンが出現する。ここのクオリティシーズンは冬。ベンガル湾からの北東モンスーンが島の北東部に雨を降らせ、その後、爽風となって茶畑に吹きつける。茶葉の水分が減少し、香味成分が増えておいしくなるのだ。

KANDY キャンディ ロスチャイルド茶園 CTC

熟した杏のような甘酸っぱいアロマ。麦芽に似た風味もあって、後をひく香ばしいコクが印象的。

[摘み採り時期] 通年 [茶樹] アッサム交配種
[グレード] CTC PF1 [値段] HPを参照
[色] 暗赤褐色 [香り] 甘酸っぱい花の香り
[味] 麦芽のようなコク
ストレートティー、ミルクティー、アイスティー
140㎖ 3g 3分

DATA
創業：1885年／標高：600m ～ 1000m ／茶園面積：不明
エリア：Rothschild Estate Rd,
問い合わせ先：Aoyama Tea factory　http://a-teafactory.com/

コロンボで開催されるティーオークションで
毎週トッププライスをマークする名園

ナヤパーナ茶園

NAYAPANE TEA ESTATE

スリランカ・キャンディ ＊ SRI LANKA, KANDY

キャンディの町の南にあり、コロンボで開催されるティーオークションで歴代最高値を更新する実力を持つ茶園。国内だけではなく、海外からも高い評価を得ており、英国市場で優れた品質と味を維持するためのGreat Taste Awards UK 2018の「Two-star」賞を受賞。製茶工場は、太陽光発電を介して会社の電気エネルギー要件の20%を相殺し、現在、全体的な持続可能性戦略の重要な要素であるCO 2削減を実現。環境問題にいち早く取り組んでいる。

キャンディ　ナヤパーナ茶園

[摘み採り時期] 通年	[茶樹] アッサム交配種
[グレード] OP	[値段] 1296円/60g
[色] オレンジ色	[香り] フルーティー
[味] 杏のような甘味	
ストレートティー、アイスティー	
300㎖　4.5g　3分	

熟したドライフルーツのようなフルーティーなアロマが香る。水色は濃いオレンジ色で、ジューシーでトロトロの甘味たっぷりの紅茶だ。渋味が少なく、杏のような甘酸っぱい香りと、濃厚で凝縮した甘味の余韻が広がる。ストレートティー向き。アイスティーやアレンジティーのベースにも向く。

DATA
創業：1928年／標高：900m／茶園面積：221.5ha
エリア：Pussellawa
問い合わせ先：MITSUTEA　https://www.mitsutea.com

品質の高い紅茶を年間390tも生産！
しっかりしたコクのある茶葉が人気の茶園

ティルライ茶園
TILLYRIE TEA ESTATE

スリランカ・ディンブラ ＊ SRI LANKA, DIMBULA

スリランカ、コロンボから東へ、山を登り120km。標高1458m、清らかな川が流れる茶畑に囲まれた美しい村の高地ディッコヤにある茶園。朝晩は少し冷え込み、平均気温が22℃。一年を通じて、しっかりとしたコクのある茶葉を作り出す。親会社はディンブラ地区に数多く名園を持つKelani valley plantations。ヌワラエリヤのペドロ茶園も同じ親会社である。この会社は主にハイグロウン（標高1200〜2000mの高地で生産された茶）の、実力のある茶園を持つ。

ディンブラ　ティルライ茶園

[摘み採り時期] 通年　[茶樹] アッサム交配種
[グレード] BOP　[値段] 1296円/80g
[色] 赤銅色
[香り] 奥行きのある香り
[味] ウッディーなコク
ストレートティー、ミルクティー、アイスティー
300㎖　4.5g　2分

花束のようなフラワリーなアロマに、青リンゴのような清々しさ。ボディーはコクがあり、茶葉の旨味もしっかりあるが、後口は軽やか。蒸らし時間を長めにして、ミルクティーとして飲むのもお勧め。

DATA
創業：1889年／標高：1458m ／茶園面積：212ha
エリア：Dickoya
問い合わせ先：MITSUTEA　https://www.mitsutea.com

創業から130年以上の歴史を持つ、
ヌワラエリヤを代表する名園

ペドロ茶園

PEDRO TEA ESTATE

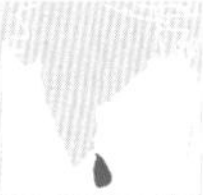

スリランカ・ヌワラエリヤ ＊ SRI LANKA, NUWARA ELIYA

常春の地ヌワラエリヤは、スリランカで最も標高の高い紅茶生産エリア。南国でありながら高原地帯の涼やかな風が吹く、風光明媚な茶園は、昼夜の寒暖差が大きく、時には霜が降りるほど冷え込むこともある。自慢のハイグロウンティーは、ダージリンのファーストフラッシュにも似た、スリランカ紅茶のシャンパンとも呼ばれている。あえて発酵を弱めにして、若々しくグリニッシュな紅茶を目指す。レモンのような柑橘系風味がアクセントになっている。

ヌワラエリヤ　ペドロ茶園

[摘み採り時期] 通年　[茶樹] アッサム交配種
[グレード] OP1　[値段] 1296円/50g
[色] ゴールドイエロー
[香り] 若々しくグリニッシュ
[味] レモンのような柑橘系
ストレートティー、水出しアイスティー
300mℓ　3.5g　4分30秒

際立った柑橘系の香りが清々しい。味わいはキレがありサッパリしているが、飲むほどにコクが出て、甘味が増していく。上品な軽い渋味も特徴。茶殻からは、レモンのような香りも立ち、またシャンパンにもたとえられる。

DATA
創業：1885年／標高：1910m／茶園面積：668ha
エリア：Nuwara Eliya
問い合わせ先：MITSUTEA　https://www.mitsutea.com

紅茶の香ばしさを感じながら
濃厚で飲み応えのあるミルクティーに

セシリヤン茶園

CECILIYAN TEA ESTATE

スリランカ・サバラガムワ * SRI LANKA, SABARAGAMUWA

CTC紅茶はスリランカのどのエリアでも作っているが、サバラガムワCTCは濃厚なコクと、紅茶の滋味が楽しめる。ボディーがしっかりしており、紅茶の香ばしさもはっきり主張。飲み応えがあり、濃厚なミルクティーとなる。後味は、ローストしたようなかぐわしい香りを満喫できる。茶葉の90%は、9600もの契約小規模農園より購入。この茶園は、CTC紅茶、そしてリーフタイプと、マーケットの需要に応じて両タイプを作ることができる大きな工場を持つ。

サバラガムワ　セシリヤン茶園

[摘み採り時期] 通年　[茶樹] アッサム交配種
[グレード] C1TC-PF　[値段] 1296円/100g
[色] ミルクを入れてキャラメル色
[香り] ローストしたようなかぐわしい香り
[味] ナッツのような風味のミルクティー
ミルクティー、チャイ
300mℓ　9g　4分　80mℓ

赤褐色の水色に、ローストのようなかぐわしい香り。後味はほろ苦さも。しっかりとしたボディーが際立ち、牛乳とよく馴染むため、濃厚で飲み応えのあるミルクティーになる。

DATA
創業：1930年／標高：262m／茶園面積：—（9600戸の小規模農園）
エリア：Kalawana
問い合わせ先：MITSUTEA　https://www.mitsutea.com

近年コロンボのティーオークションで
トッププライスの常連に仲間入りした気鋭の茶園

ムラティヤナヒルズ茶園

MULATIYANA TEA FACTORY

スリランカ・ルフナ ＊ SRI LANKA, RUHUNA

個人経営の茶園ながら、コロンボティーオークションではここ数年で、トッププライスの常連に仲間入り。最新のマシンを取り入れつつも、その製造方法は極秘に受け継がれている。全ての茶葉は、契約した1600の小規模農園から購入。紅茶は焼き芋のようなほっくりとした深みのある香りに包みこまれ、ボディーはしっかり、焦がしカラメルのよう。スイートポテトのようなコクのある甘味と同時に、後味はアメリカンコーヒーのようなほろ苦さの余韻が広がる。

ルフナ ムラティヤナヒルズ茶園

[摘み採り時期] 通年　[茶樹] アッサム交配種
[グレード] BOPsp　[値段] 1296円/70g
[色] 濃い赤銅色
[香り] 焼き芋のようなほっこり系
[味] ほろ苦く香ばしい
ストレートティー、ミルクティー、アイスティー
300㎖　4.5g　3分30秒

茶葉からは、焼き芋のような甘い香り。水色は、濃い赤銅色。香ばしい芳香と、奥深い豊かなコクが幾重にも広がる、ストロングボディーだ。香ばしさも力強ければ、コクも負けていない。ほんの少しのほろ苦さが、アクセントになって、味を引き締めている。

DATA
創業：1894年／標高：53m／茶園面積：ー（1600戸の小規模農園）
エリア：Matara
問い合わせ先：MITSUTEA　https://www.mitsutea.com

**ウバ特有の爽やかな味と香り。
そのトップクオリティをリードし続ける名園**

ウバハイランズ茶園

UVA HIGHLANDS TEA ESTATE

スリランカ・ウバ ＊ SRI LANKA, UVA

7～9月、抜けるような青空が広がり乾季に入る。さらにこの時季、ウバの山間部を強い風が吹き渡る。茶樹は枯れてしまわないように自助努力を始め、ストレスがかかる。生き残ろうとするこのストレスによる化学変化により、ウバフレーバーと呼ばれる独特の爽やかなメントール系の味と香りに変化する。バンダラウェラの町にほど近い場所にあるウバハイランズは、そのトップクオリティをリードする名園。2002年にマークした最高値は今も破られていない。

ウバ ハイランズ茶園

[摘み採り時期] 通年	[茶樹] アッサム交配種
[グレード] Pekoe	[値段] 1296円/50g
[色] オレンジ色	
[香り] メントール	
[味] 爽やかでミントのよう	
ストレートティー、アイスティー	
300mℓ　3g　2分	

茶殻から立ち上るのは、優しいサロメチール香。やわらかく清々しいメントールの風味。ハーブのミントがブレンドされているかのよう。フラワリーなアロマもちらり。後味は、コクのある甘味の余韻が幾重にも広がる。

DATA
創業：1919年／標高：1250m／茶園面積：404ha
エリア：Bandarawela
問い合わせ先：MITSUTEA　https://www.mitsutea.com

column 11

セイロンティーと日本の恩人

日本を愛した偉人 J.R.ジャヤワルダナ氏

戦後、しばらくの間、紅茶といえばセイロンティーだった。セイロンが輸出に力を入れたこともあるが、実はそれだけではない。

太平洋戦争中、イギリスの植民地だったセイロン。イギリスと交戦状態にあった日本軍から、首都コロンボは空襲された。日本の敗戦後、戦後処理を決めるためのサンフランシスコ講和会議に、セイロンは戦勝国の一員として参加。その時のセイロン全権大使は、後の大統領J.R.ジャヤワルダナ氏だった。ジャヤワルダナ氏は、大の親日家で、当時、一部の国が主張した日本分割案に反対し、日本の自由と独立を応援してくれた。その際の演説は、いまだに歴史に残る名演説といわれている。仏陀の言葉を引用した「Hatred ceases not by hatred but by love.（憎しみは、憎しみによって止むことなく、愛情によって止む）」のところでは、満場の拍手がわき起こった。その名演説のおかげで、日本は分割されずにすんだともいわれている。吉田茂首相は「後世まで、この大恩を忘れてはならない」という言葉を残している。

そして、戦後一番先に日本と国交を正常化したのも、セイロンだった。このようにして日本とセイロンの縁は深くなり、自然とセイロンティーの輸入は増えたのだった。その後も、ジャヤワルダナ大統領は、たびたび来日。国鉄がJRに改称した時も、名前のJRと同じだと喜び、家族揃ってJRに乗車するため来日したともいう。

亡くなる際には「片目をスリランカ人に、もう片目を日本人に」と日本に献眼、角膜提供を申し出るほど、日本を愛した。

近年のスリランカ紅茶は、5大産地から7大産地へと拡大し、オークションで高値取引される新茶園も現れ、新しい魅力が生まれつつある。そんなセイロンティーを味わいながら、生涯日本に好意を寄せ続けてくれた恩人を思うのもいいかもしれない。紅茶は歴史と共にある。

鎌倉市の大仏・高徳院境内に建つ、J.R.ジャヤワルダナ元大統領の顕彰碑。

column 12

スリランカの「キリテー」

MITSUTEA代表　中永 美津代

インド洋にぽっかりと浮かぶ島国・スリランカ。セイロンティーとして親しまれるこの国の紅茶に惚れ込み、会社を辞め、1年間紅茶修業をすることを決意。「スリランカに行けば、産地別の特徴ある紅茶、しかも出来立ての新茶が毎日楽しめるはず！」と意気揚々と行ったものの、街中ではそんな紅茶はまず見当たらない。

スリランカの人々が毎日飲むのは、「キリテー」と呼ばれるミルクティーなのだ。キリはシンハラ語でミルク、テーは紅茶のこと。茶葉はパウダーのように細かく、ブレンドされたもので、全脂粉乳とたっぷりの砂糖を使って作る。両手に大きなマグカップを持ちジャバジャバーッと勢いよく注ぐと、あわあわで濃厚なコクのある、とろけるように甘いミルクティーが出来上がる。これこそがスリランカで楽しむ日常紅茶。

下宿先では、毎朝お母さんが家族全員分のキリテーを作り、「おはよう」と言いながら各部屋まで運ぶ。ベッドティーと呼ばれる目覚めの紅茶だ。そのほか午前と午後にもティータイムがあり、オフィスでも家でも、ゆったりと紅茶を楽しむ時間がある。ほんの少しのビスケットとキリテー、そしておしゃべり。これこそが、スリランカの人々にとってはエネルギーの源なのだ。

●セイロン紅茶専門店MITSUTEAミツティー
https://www.mitsutea.com　＊オンライン紅茶レッスンも開催。詳細はHPを。
神奈川県横浜市中区石川町2-69 メゾンリブレ1F　TEL&FAX　045-263-6036

●ミルクティー専用紅茶
マタケリー茶園

スリランカの中央・ディンブラ地区、標高1372mにある名門マタケリー茶園。グレード・ダスト1。ウッディーなコクと、それを芯に幾重にも広がる茶葉の甘味。しっかりとしたボディーでありながら、なめらかなのどごしは、この茶葉ならでは。ミルクとよくなじみ、まろやかな仕上がりになる。イギリスで飲むミルクティーを日本で再現できる茶葉。
80g 1296円

●ジンジャーティー

高知県四万十川流域の畑で育った生姜の粗挽きと、キャンディをブレンドしたMITSUTEAオリジナル。生姜のシャープな香り、旨味もしっかりでリピーターが多い人気商品。60g 1080円

●茶園別 旬のティーバッグ
2個入り×3種セット

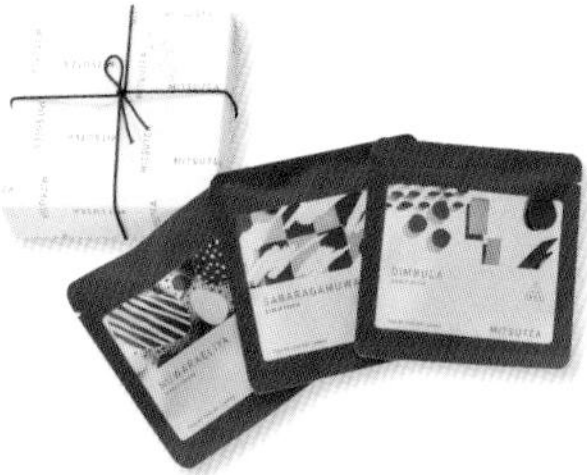

3茶園がノンブレンドで楽しめるティーバッグ紅茶。個性の違いがよくわかる。カジュアルギフトにも。
1101円（送料込み）

スリランカの紅茶をもっと詳しく楽しく知りたい方は、CEYLON TEA SCHOOLへ。オンライン紅茶レッスンは、単発レッスンのほか、3コース。

ceylonteaschool.com

紅茶を巡る旅、百聞は一見にしかず

ダージリン、アッサム、ヌワラエリヤ、キームンなど、紅茶にはまってくると、それぞれの紅茶がどんな場所で作られているかが気になるところ。ヒマラヤ山脈、カンチェンジュンガの麓、インド大河流域の平原地帯、セイロン島の聖山の麓、避暑地のような高原地帯などなど。

実際に現地に行って茶畑を見たり、工場見学をするのは楽しくて興味深い体験だ。百聞は一見にしかず。紅茶ワールドの奥深さを知ることができる。

だが、茶園見学の手続きや、遠く離れている茶園と茶園を結ぶ山岳地帯の狭い山道での運転など、個人旅行をするにはちょっとハードルが高い。

そこで、スリランカ紅茶専門店のミッティー（P116）代表に教わったのがトラベルサライという旅行会社。一般の旅行会社が扱っていない、茶産地巡りと工場見学を得意としている。「ミツ店長と行くスリランカ紅茶ツアー」企画や、工場見学を含んだ旅をオーダーメイドで調整可。茶畑視察ではクローナル苗、製茶工程見学、町のミルクティー体験など、産地ならではの出合いが満載とか。詳細はHPを参照。

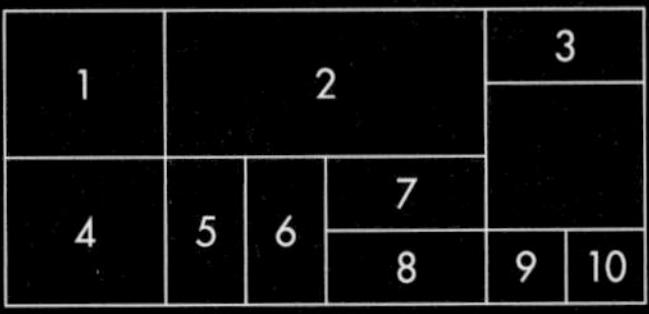

1ヌワラエリヤ茶畑／2ウバ地区 苗場 9月／3ルフナ ルンビニ茶園 萎凋室 9月／4ヌワラエリヤ茶摘み婦／5・6ウバ地区 苗場／7キャンディ ルーラコンデラ茶園 ジェイムステイラーバンガロー跡／8ガンポーラのキリテー屋さん 9月／9ウバハイランズ テイスティングルーム／10キャンディ ルーラコンデラ茶園

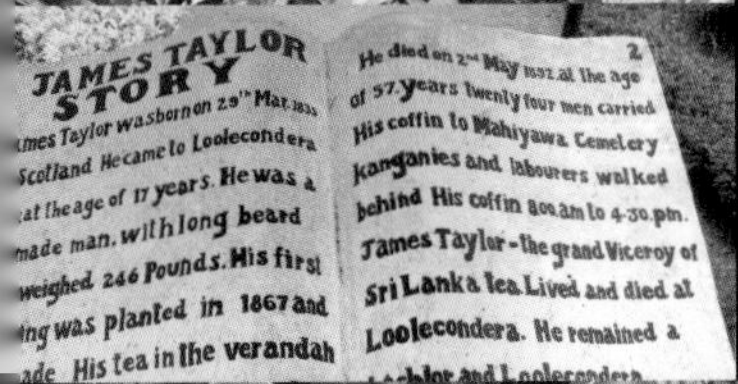

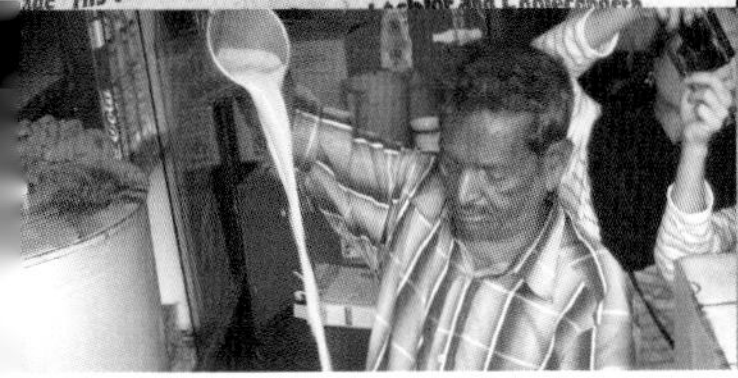

トラベルサライ・お茶の旅モデルコース

●ダージリン

紅茶工場。カンチェンジュンガ峰・タイガーヒル。世界遺産トイトレイン。コルカタ・ティーオークション会場。J.Thomas & Co。ホテルのアフタヌーンティー、町のチャイ等。

●スリランカ

紅茶工場。紅茶博物館。コロンボ・ティーオークション会場。植民地時代から続くクラシックホテル。海を眺めてアフタヌーンティー、町のキリテー等。

問い合わせ先：(株)トラベルサライ
https://saray.co.jp/tea-tour/
TEL 03-5777-6326

コロンボのノリタケ店

スリランカのマータレにノリタケ直営工場があり、併設のアウトレットが人気だが、コロンボから車で4時間でおいそれとは行けなかった。忙しい旅行者には、コロンボにあるお店がおすすめだ。

Noritake City Store
77, Dharmapala Mawatha, Colombo 07.
PHONE: 94-11-2564404 / 2331809 / 2301334 /
PHONE: 94-11-5737006
http://www.noritake.lk/visit_us.php

アフリカの紅茶の産地
AFRICAN'S TEA PRODUCTION AREA

アフリカ全体で68.7万トン*、世界生産量の11.2%。そのうちケニアは45.9万トンという一大紅茶産地だ。特に紅茶はインドに次ぐ世界第2位の紅茶生産国となり、輸出量はスリランカを超えて世界一。歴史は浅く、120年前に栽培を開始。特筆すべきは、ほとんどが無農薬栽培ということ。インド洋で隔離され、アジア大陸の重大な病害虫が渡ってこず、高地栽培で病害虫が少ない等の理由がある。また、7〜14日の早い周期で茶摘みができ、通年生産も可能。主な品種は、アッサム系中国種との交配種。製法はCTC製法がメインだが、一部オーソドックス製法もある。一芯二葉を手摘みし、年間通して品質が安定。世界規模の大手メーカーのブレンドにも使われている。

＊2019年調べ

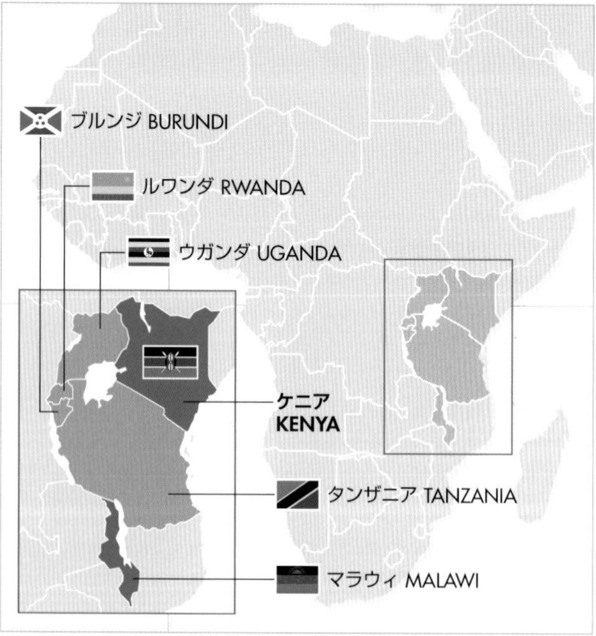

赤道直下の茶畑で農家が
1～2週間に一度手摘みする

カンガイタ製茶工場

KANGAITA TEA FACTORY COMPANY LIMITED

アフリカ・ケニア ＊ AFRICA, KENYA

CTC製法茶がほとんどを占めるケニアで、オーソドックス製法の紅茶も手がけるカンガイタ製茶工場。アフリカ第二の高峰ケニア山の山麓、1800 ～ 2500mの高地で、地元の小規模農家が栽培。品質、技術はケニアでトップクラス、標高もケニアでトップだ。新鮮な風味と深いコクがあり、水色は鮮やかなオレンジ赤色。まずはストレートで。

KANGAITA OP

[摘み採り時期] 通年

[茶樹] アッサム系の交配種

[グレード] OP　[値段] 410円/50g

[色] 濃オレンジ色　[香り] マスカテルフレーバー

[味] 深いコク

ストレートティー、ミルクティー、アイスティー

350mℓ　5g　4分

茶樹の樹齢が若いため、味わいにも若々しさがあり、カテキンが多い。高地栽培なので、水色は鮮やか。しっかりした透明感の濃オレンジ色。香り爽やかで、深いコクと軽めの渋味が楽しめる。

DATA
創業：1965年／標高：1800～2500m／茶園面積：966ha（5730戸の小規模農家）
エリア：Kirinyaga district, Central Province
問い合わせ先：Selectea　http://selectea.co.jp/

ケニア山北東山麓で手摘みされた紅茶を直接輸入！
トレイサビリティーも確立している安心の紅茶

ギドンゴ製茶工場

GITHONGO TEA FACTORY COMPANY LIMITED

アフリカ・ケニア ＊ AFRICA, KENYA

赤道直下に位置し、茶葉収穫地域は標高1600m以上、ケニア山の自然の森との境界に接している。朝晩の冷え込みと昼間の強い太陽光により、茶の生長がじっくりゆっくりで、独特の味と香り、水色を紅茶にもたらしている。茶樹の成育に適している水はけのよい土壌は、ケニア山の火山灰土（pH5.0〜5.6）と、アフリカ大陸特有の赤土から構成されている。さらにこのエリアの茶畑は緩やかな起伏と傾斜があるため、土壌流出防止にも役立っている。

Githongo PF1

[摘み採り時期] 通年　[茶樹] アッサム系の交配種
[グレード] PF1　[値段] 1200円/250g
[色] 美しく深い赤褐色
[香り] しっかりとした豊かな香り
[味] 奥行きとコクがありほのかな甘みの余韻
ストレートティー、ミルクティー、チャイ
300mℓ　3g　4分

一芯二葉を手摘みし、茶葉を供給する農家全戸が所有する工場で製茶している。小粒のさらさらした細かい茶葉は、アフリカの大地を感じさせるしっかりとしたコクが特徴のリッチ・ボディー・テイスト。毎日飲みたくなる飽きのこないやさしい味。ミルクとの相性が非常によい。

DATA
創業：1974年／標高：1600〜2000m（製茶工場は1950m）／茶園面積：1048ha（5318戸の小規模農家）／エリア：Meru Central District, Eastern Province
問い合わせ先：日本ケニア交友会 東京事務所 https://kenyatea.jimdofree.com/

100年以上前から3代続く個人農園は
日本の大手カフェチェーンの紅茶ベースに

サテムワ茶園

SATEMWA TEA ESTATE

アフリカ・マラウィ ＊ AFRICA, MALAWI

アフリカで最初に紅茶の商業的な栽培が始まったマラウィ。サテムワ茶園はマラウィでは一番小さな製茶会社で、個人企業として残っている最後の1社であるが、従業員は1700人、紅茶の生産量は年間3000トン以上。ヨーロッパだけでなく、近年日本でも、特徴である深い赤色を引き出すブレンド紅茶として使われている。従来のLTP方式の紅茶のほか、CTCロール機を組み合わせた製造方法により品質が向上。オーソドックス製法の紅茶も製造している。

SATEMWA LTP PF1 SC

[摘み採り時期] 通年　[茶樹] アッサム系の交配種

[グレード] LTP PF1 SC　[値段] 453円/80g

[色] 透き通った濃いめの赤褐色

[香り] カカオのような芳香

[味] まろやかなコクと渋味

ミルクティー、チャイ、ストレートティー

350mℓ　5g　2分

100年以上前から植えられている在来品種の中でも、特に選ばれた茶樹からの紅茶である。パンチのある渋味と、ほかのケニア系統の品種とは特徴の異なる深くきれいな紅色。ミルクティーでも赤色が際立つ。

DATA
創業：1923年／標高：800～1100m／茶園面積：900ha
エリア：Southern Region, Thyolo District
問い合わせ先：Selectea　http://selectea.co.jp/

中国　お茶の発祥地
CHINESE TEA PRODUCTION AREA

日本のポジティブリスト制度の施行以来、中国茶の残留農薬は、たびたび問題になった。中国茶の検査項目は、200項目を超え厳しく審査されている。検査費用は輸入業者の負担となり、小ロットで扱っていた業者が取り扱いをやめるケースも多い。高い技術で作られる中国茶を飲む際は、安心安全が信頼できるお店で購入しよう。

❶ 黄山《こうざん》・太湖《たいこ》地方

黄山周辺は、中国緑茶と紅茶の産地。特に安徽《あんき》省の祁門《きもん》県は、歴史ある紅茶の名産地でKEEMUN（キームン茶）を作っている。浙江省の龍井《ロンジン》茶、九曲《きゅうきょく》紅梅などの高級茶も人気。

❷ 福建地方

西部の武夷《ぶい》山と中部の安渓山が主な茶産地。正山小種などの銘茶を産出する。武夷山は世界で最初に紅茶が作られた地であり、LAPSANG SOUCHONG（ラプサン・スーチョン）が有名。

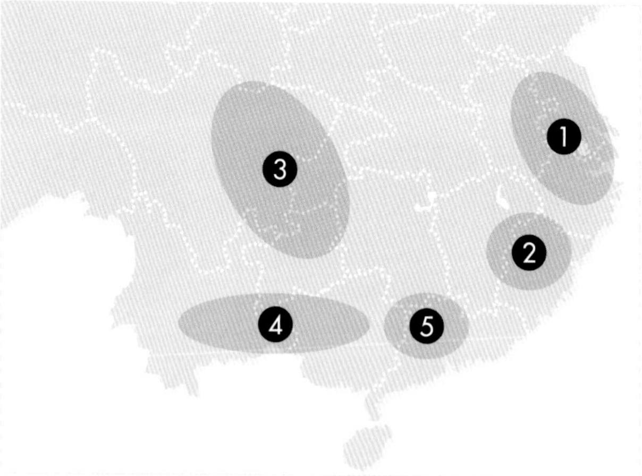

❸ 貴州・四川地方

亜熱帯性気候で気温・湿度が高く寒暖の差が大きい。緑茶、黄茶を生産。三大霊山の一つ、峨眉《がび》山で作られる「竹青葉」は竹の葉のように尖った茶葉。

❹ 雲南・広西地方

プーアル茶の産地。雲南省は茶樹の原産地でもあり、樹齢1700年の「茶王」と呼ばれる茶樹も発見された。

❺ 広東地方

広東省東部の鳳凰山周辺が青茶（烏龍茶）の産地。樹齢300年以上、1本の木の茶葉のみで作る鳳凰単叢《たんそう》烏龍は、青茶の中で最高峰とも。

フレーバーティー

松の煙で燻した、
エキゾチックでフルーティーな中国紅茶

Lapsang Souchong　ラプサン・スーチョン

松の煙で燻して作るエキゾチックなフレーバーティー。福建省・武夷山周辺の中国紅茶で、古くからイギリスをはじめ欧米にファンを持つ、伝統的な銘柄。独特の燻製香はストレートはもちろん、意外とミルクティーも良い。1080円/50g

中国特級茶

女王陛下のバースデーティー、
ダージリンやウバと並び称される銘茶

Keemun　キームン

世界三大銘茶の一つ。中国安徽省祁門県で作られる紅茶。祁門県は、中国でも歴史ある紅茶の産地として名高い。苦味と渋味の少ない、穏やかな口当たり。かすかにスモーキーな香りと豊かな味で、イギリス人に人気があり、英国女王の誕生日に飲まれる紅茶としても有名。ストレートティーで、しっかり抽出してミルクティーも美味。1944円/50g

工芸茶

湯の中で開く水中花、
見て楽しいショータイムティー

Carnation Bouquet　カーネーション仙桃

茶葉が開くにつれ大輪の花が咲く、お茶のショータイム。カーネーションをジャスミンティーで束ねた、花束のようなお茶。蕾の形をした茶葉に湯を注ぐと、ゆっくり広がり、花を咲かせる。新芽が多い茶葉から甘味が溶け出し、花の香りと相まって味わいも贅沢。ガラス製の茶器で茶葉の開く姿を楽しみたい。464円/1個

日本茶園地図と歴史
JAPAN TEA ESTATE MAP & HISTORY

明治初期、開国後の日本の輸出品は主に生糸と緑茶。当時の内務卿、大久保利通が欧米を視察した際、世界では紅茶が好まれているのを知り、緑茶に危惧を抱く。

明治7年（1874）に、政府は内務省勧業寮農務課に製茶係を設け、大久保の命により「紅茶製法布達案並びに製茶法」を各府県に布達。日本の紅茶開発の始まりである。

中国から茶師を招聘し、製造実習会を開催するが品質は向上しない。そのとき、白羽の矢が立ったのが、元徳川家の幕臣多田元吉。廃藩置県後、故郷の静岡市丸子で茶園の開墾中に呼び戻され。明治9年（1876）インドへ。

元吉は半年間かけてインドの山奥を周り、製茶技術の機械、設備などを学ぶ。帰国後、各地へ技術を伝授するが、在来の紅茶品種のため品質が劣る。中国種系の在来種は酵素が少ないため香りが悪く、水色も濁りがち。アッサム種は酵素が多く、低温で発酵するので香り華やか、水色は鮮やかで見劣りした。そこで政府は品種開発に着手。元吉がインドから持ち帰った

種子の中で寒さに耐えた多田系印度雑種で育成。日本初の紅茶品種「べにほまれ」誕生となる。

戦後、中国種とアッサム種の交配が行われ、その雑種から品種が誕生。昭和28年（1953）に品種登録制度が始まり「べにほまれ」に続き、「いんど」、「はつもみじ」、「べにたちわせ」等が登録。後に「べにひかり」、「べにふうき」が生まれた。

太平洋戦争でアジア諸地域が戦場になり、茶葉は世界的に品不足。その時、日本は生産量を伸ばし、昭和29年（1954）の生産量は7210トン。だが、アジア諸地域で生産が復活すると、品質が劣り価格も高い日本の紅茶は人気を失う。さらに昭和46年（1971）の紅茶輸入自由化で競争に敗れ、生産は下火。茶畑の紅茶は次々と緑茶に植え替えられ、昭和40年半ばには大規模生産は終焉を迎えた。

平成30年現在、紅茶（仕上茶）の生産工場は全国に65事業所あり、出荷額は約178億円である。栄枯盛衰が激しく、いったんは幕を下ろした日本の紅茶だが、近年は新たな可能性を見出し、独自の紅茶作りに励む生産者が現れている。

取材協力 静岡県経済産業部茶業農産課

近年、日本産の紅茶のおいしさを伝えるイベントが、各地で開催されている。日本産の紅茶を「地紅茶」と名付け、紅茶の楽しみ方や文化を研究している全国組織「紅茶の会」https://kouchanokai.jimdofree.com/は、2002年に第1回目の「地紅茶サミット」を開催し、その後は全国の産地で毎年開催。地紅茶の購入や飲み比べ、生産者との情報交換など、生産地域の活性化にも一役買っている。また愛知県尾張旭市では毎年「国産紅茶グランプリ」https://kkgprix.com/を開催。一般審査員としてエントリーできれば、テイスティングのうえ投票できるチャンスもある。おいしい紅茶と出合える機会を、お見逃しなく。

大和高原で自然栽培による紅茶作り。
茶花やゆずのブレンド茶も

健一自然農園

KENICHI SHIZEN NOUEN

日本・奈良 ＊ JAPAN, NARA

京都、三重の県境にある奈良県北東部。標高300～600mに広がる大和高原に、健一自然農園はある。この一帯は、昔から茶どころとして知られてきた。寒暖差が大きいため朝霧が出やすく、土壌の保水力が高い。ゆえに香味の高い茶葉が育つという。健一自然農園は、その名のとおり農薬・肥料を一切使わない自然栽培ですべての茶作りを実践。農園主の伊川健一さんは、自然農提唱者の川口由一先生に長年師事し、学んだ。紅茶は日本茶品種「やぶきた」の一番茶で作る。

初つみ和紅茶

寒い冬をこえて芽吹いた初摘みの一番茶で作る1st Flush。揉捻は日本茶流。渋味が少なく、軽やかに仕立てる。穏やかな茶の香り、黒糖様の香りもある。滋味深い味わい。水色は濃いめのオレンジ色。

[摘み採り時期] 春	[茶樹] やぶきた
[グレード] ―	[値段] 540円/30g
[色] オレンジ色	[香り] 日本茶・黒糖様
[味] 軽やか	

DATA
創業：2001年／標高：300～600m／茶園面積：11ha
エリア：奈良県大和高原（奈良市、山添村、宇陀市）
問い合わせ先：健一自然農園　https://www.kencha.jp/

ゆず和紅茶

初摘みの和紅茶に無農薬栽培のゆずをブレンド。レモンと紅茶の相性が良いように、和柑橘の代表格・ゆずと和紅茶は抜群の相性。華やかで爽やかなゆずの香りが立ち上がり、紅茶の香りとフルーティーな清涼感がたまらない。

[摘み採り時期] 春

[茶樹] やぶきた　[グレード] －

[値段] 280円/ティーバッグ2g×3個

[色] ブランデー色　[香り] ゆず　[味] 爽やか

茶花和紅茶

紅茶で「フラワリー」という表現があるが、こちらは本物の茶の花で香り付けした珍しい一品。茶の花は、椿に似た小さな白い花で、香りをかぐと芳しいジャスミンに似ている。和紅茶の落ち着いた風味に、華やかでややスパイシーな花の香りを感じる、かろやかで楽しい紅茶だ。

[摘み採り時期] 春

[茶樹] やぶきた　[グレード] －

[値段] 280円/ティーバッグ2g×3個

[色] オレンジ色　[香り] ジャスミン

[味] 優しくまろやか

「作物は足音が好き」という先人の教えを守り
畑を愛しお茶を慈しむ日本茶＆和紅茶農家

豊好園

HOUKOUEN

日本・静岡 ＊ JAPAN, SHIZUOKA

静岡県の中央に位置し、標高350mの山間部「両河《りょうごう》内《ち》」で日本茶を栽培・製造販売する、“無類のお茶好き”を自認する茶農家。富士山と駿河湾を目前に、早朝には雲海が眼下に広がる急傾斜な茶畑で育つお茶はまさに“ばかうま”。清流と緑豊かな山郷より、国内だけでなく世界に届けている。そんな豊好園の日本茶品種で作るシングルオリジンな和紅茶の特徴は、やさしい味わいにある。鼻に抜ける軽やかかつ華やかな香りと、旨味と甘味、そしてほど良い個性のある渋味が楽しめる。

豊好園がある両河内地区は、静岡茶市場の初取引で35年以上も最高値をキープする実力派銘茶地。興津川から朝晩立ち上る霧が空気を潤し、日光を遮ってお茶に爽やかな香りと旨味を育む。豊好園の山の茶畑はまるでスキー場並みの急傾斜。標高350mの茶畑から望む富士山は壮観だ。撮影 片平豊。4月20日、朝5時。茶樹は「あさつゆ」。

DATA
創業：1980年／標高：50～400m／茶園面積：5.5ha
エリア：静岡県静岡市清水区両河内
問い合わせ先：豊好園　houkouen@gmail.com　☎ 054-396-3336

ゆめするが

豊好園で育てる20種以上の日本茶品種を茶種ごとに萎凋発酵させたシングル和紅茶は、清々しく鼻に抜ける香り、渋味のないやさしく穏やかな甘味と風味が特徴。品種ごとにストレートティーで味わいたい。

[摘み採り時期] 6月　[茶樹] やぶきた

[グレード] ー　[値段] 50g/1296円

[色] 鮮紅色　[香り] 芳醇香

[味] 旨味と甘味とほどよい渋味

1煎目は80℃、2煎目は熱湯で、煎茶のように味と香りを楽しむ

120mℓ　3g　1分

しずかおり

「おくひかり」と「くりたわせ」の交配で生まれた「しずかおり」は、和紅茶に進化する過程で本来の旨味と香りがさらに引き立ち、ミントのような爽花香と発酵香が相まって芳醇な香りに。

[摘み採り時期] 6月　[茶樹] やぶきた

[グレード] ー　[値段] 40g/1296円

[色] 鮮紅色　[香り] 芳醇香

[味] しっかりとした甘味、渋味少なめバランス◎

1煎目は80℃、2煎目は熱湯で、煎茶のように味と香りを楽しむ

120mℓ　3g　1分

日本の紅茶発祥の地といわれる丸子で
村松二六氏が研究・再生させた有機栽培紅茶

丸子紅茶

MARIKO KOUCHA

日本・静岡 ＊ JAPAN, SHIZUOKA

日本の緑茶紅茶の祖と呼ばれる旧幕臣・多田元吉翁により、丸子に茶園が開かれたのは1869年のこと。中国やインドから製造技術を取り入れ、紅茶産業は発展したが、次第に国産紅茶は競争力を失った。昭和28～30年に、丸子で紅茶の灯を消してはならないと立ち上がった村松二六氏が、紅茶品種の「べにふうき」を日本で最初に民間栽培し、国産紅茶の復活を遂げたのが、現在の丸子紅茶である。

丸子紅茶　紅富貴

[摘み採り時期] 5月　[茶樹] べにふうき
[グレード] －　[値段] 80g/1620円
[色] 明るく透明感のある赤色
[香り] ダージリンにも似た香り
[味] 芳醇で深い味わい
ストレートティー、ミルクティー
150㎖　2～3g　2.5～3分

輝くばかりの紅色が美しく、まろやかで深い味わい。香り高く喉越しがよいので、ストレートティーは格別だ。アイスティーやミルクティーにしても香りが失われることなく、非常においしい。

DATA
創業：1988年／標高：約40～200m／茶園面積：40ha
エリア：静岡県静岡市駿河区丸子
問い合わせ先：丸子紅茶　☎054-259-3798

おいしい水を飲むように、スッと体に馴染む。
何杯でも飲みたくなるようなおいしさを目指して

月ヶ瀬健康茶園

TSUKIGASE TEA GARDEN

日本・奈良 * JAPAN, NARA

奈良・月ヶ瀬の自然環境のリズムのなかで、茶樹本来が持つ生命力で「お茶がお茶らしく育つこと」を意識した有機栽培や自然栽培のお茶作りに取り組む。月ヶ瀬の山間に点在する茶畑は条件や環境が茶畑ごとに異なり、多種多様なお茶の栽培が可能。茶園に入れる有機物の採集、茶園管理、製茶、製品在庫、仕上げ加工から商品企画販売まで、すべての工程において自らの力で完結できるよう、丁寧なお茶作りに日々励んでいる茶園である。

自然栽培紅茶 さやまみどり

[摘み採り時期] 5月（春摘み）

[茶樹] さやまみどり（樹齢約50年）

[グレード] ―　[値段] 30g/648円

[色] 橙色　[香り] 柑橘系

[味] 清涼感のある繊細な風味。渋味なし

ストレートティー

450ml　6g　4～5分

樹勢の強い木が育つ赤土の茶園で収穫された春摘み。「さやまみどり」特有の、爽やかな柑橘系の香味が感じられる。収穫した新芽ができるだけ壊れないよう意識して揉み込んだため、形状はフルリーフタイプ。

DATA
創業：明治時代／標高：250～300m／茶園面積：10ha
エリア：奈良県奈良市月ヶ瀬
問い合わせ先：月ヶ瀬健康茶園 https://www.tukicha.com/

地域丸ごと無農薬、
一番茶しかとらない、在来種の紅茶

春日 花茶クラブ

KASUGA HANACHA CLUB

日本・岐阜 ＊ JAPAN, GIFU

岐阜県の春日で作られる、770年の歴史がある在来種の紅茶。奥深い山里に広がる茶畑は斜面に弧を描く美しい景観で、「天空の茶畑」「日本のダージリン」とも称される。在来種の茶樹は、地中深く根を張り、自然の恵みだけで育つため、味に深みがあり、香りが際立つ。同じ茶樹に異なる茶種が共生し、茶摘みのタイミングが異なるため、一芯二葉の在来種の紅茶作りは非効率的ではあるが、丁寧な手摘み、手揉みで作られる。春日では、一番茶のいちばん良いお茶を「花茶」と呼ぶ。

庵・花茶 春摘み

[摘み採り時期] 4月
[茶樹] 在来種 [グレード] ー
[値段] 時価 [色] 淡黄金色
[香り] 百合や黒蜜の香り
[味] ミネラリー
ストレートティー
300mℓ 3g 6分

茶葉は濃赤紫色。水色は透明度の高い黄金色。百合や黒蜜のような上品な香味があり、軽やかかな味わい。渋味は少ないが、ミネラル感がある。繊細な味わいでありながら、逞しい野性味も兼ね備えた、個性的な国産紅茶。

DATA
創業：ー／標高：500m／茶園面積：不明
エリア：岐阜県揖斐郡揖斐川町春日六合
問い合わせ先：Leafull http://shop.leafull.co.jp

南国ならではの寒暖差と、
自然が生み出す、素朴な紅茶

桜野園

SAKURANO EN

日本・熊本 * JAPAN, KUMAMOTO

熊本県最南端、水俣市薄原《すすばる》。海辺の町・水俣の山間部は茶の生産地である。温暖でありながら、寒暖差がある山の斜面に茶畑が広がる。昭和初期に初代が、鹿児島との県境近い、標高300mの山間の土地を開墾。水俣川から発生する川霧が、茶葉に旨味を与え、強い日差しがカテキンを作る。茶葉の栽培に適した豊かな土地だ。茶園名は、地元水俣出身の大言論家、徳富蘇峰が命名。1990年から無農薬無化学肥料栽培に、2005年からは無肥料自然栽培に取り組んでいる。

さくら紅茶

[摘み採り時期] 夏(二番茶)

[茶樹] やぶきた・在来種

[グレード] ー　[値段] 540円/60g

[色] オレンジ色　[香り] グリニッシュ・若草風

[味] 軽やか、後味に甘味

ストレートティー、ミルクティー

300㎖　3g　2分

香りはやさしくふんわり、青い草のよう。渋味は少なく、軽やか。後味も甘く素朴でやさしい。地元九州の圧搾菜種油粕などの肥料を使い、無農薬・無化学肥料や無肥料自然栽培で大切に育てた二番茶を、完全発酵させた紅茶。

DATA
創業：1927年／標高：100 〜 600m ／茶園面積：2.5ha
エリア：熊本県水俣市薄原
問い合わせ先：桜野園　https://sakuranoen.shop-pro.jp

小規模ながらも、それぞれに特色のある
お茶作りに邁進する気鋭の茶園

西製茶所

NISHI SEICHA SHO

日本・島根 * JAPAN, SHIMANE

清澄な自然に恵まれた出雲の地で大正12年に創業。現在は3代目と4代目が製茶を行っており、緑茶に加えて1985年より国産紅茶の製造に取り組んでいる。「すっと体にしみ込んでくるお茶」を理想とし、特別ではなく、日々の生活のためのお茶作りを目指す。「毎日のものだからこそ、健康な土から育った健康な茶葉が基本。生葉の自然な香りをそのままお茶に封じ込め、お茶の間に届けたい」との熱い想いが、製品の種類の多さと品質に表れている。

出雲国のべにひかり紅茶

[摘み採り時期] 春〜秋　[茶樹] べにひかり
[グレード] ー　[値段] 50g/616円
[色] オレンジ色
[香り] 鼻に抜ける清々しい香気
[味] 渋味は少なく飲みやすい。余韻を感じられる
ストレートティー、アイスティー
150mℓ　2〜3g　3〜4分

高品質な茶樹として知られるが、現在は全国的にもほとんど栽培されておらず、幻の紅茶とまでいわれる「べにひかり」。比較的苦味や渋味が少なく、鼻に抜ける清々しい香気が特徴。水色が鮮やかでアイスティーにも適している。

DATA
創業：1923年／標高：10m／茶園面積：ー
エリア：島根県出雲市
問い合わせ先：西製茶所　http://www.nishiseichasho.jp/

若い夫婦が二人で、
ハンドメイドした「べにふうき」紅茶

ねじめ茶寮

NEJIME SARYO

日本・鹿児島 * JAPAN, KAGOSHIMA

平成17年開業のまだ新しい茶園。しかも九州最南端。大隅半島の南端、北に桜島、西に薩摩富士こと開聞岳を望む、標高200mの高台にある。日差しが強く、夏は高温多湿、冬は温暖な気候。農薬と化学肥料を一切使わず紅茶作りに取り組む。茶畑の管理から、紅茶の製造まで、ほとんどの工程を夫婦二人で分担。手摘み、手揉みも交えて、個性的な紅茶を仕上げている。栽培する茶葉は、日本生まれの紅茶専用品種だけ。「べにふうき」「べにひかり」である。

和華

[摘み採り時期] 5月

[茶樹] べにふうき　[グレード] ー

[値段] 時価　[色] 濃オレンジ色

[香り] 花香と軽やかな蜜香

[味] 穏やかな渋味、果実味

ストレートティー

300ml　3g　5～6分

茶園創業時に植えた、樹齢15年のべにふうき。その厳選した茶葉のみを、手摘みして、手揉みしたハンドメイドスペシャルティー。濃赤褐色の茶葉は長く絡み合っているが、茶葉が開くと、一芯一葉がそのまま蘇る。水色は、美しい濃オレンジ色。

DATA
創業：2005年／標高：約200m／茶園面積：不明
エリア：鹿児島県肝属郡南大隅町根占山本
問い合わせ先：Leafull　http://shop.leafull.co.jp

在来種から「べにふうき」まで、
豊後大野の自然が育てた和紅茶

山片茶園

YAMAGATA TEA ESTATE

日本・大分 ＊ JAPAN, OITA

大分県南西部、穏やかな丘陵地帯の山間に広がる茶園。豊後大野の自然が育てた味は、軽やかですっきり、やわらかな甘味が特徴。農薬化学肥料は使わず、在来種、紅茶用品種のべにふうき、緑茶用品種のおくむさし、かなやみどり、おくみどり等で紅茶を仕立てている。品種によっては春摘み、夏摘み、秋摘みと、ダージリン並みのシーズン茶もある。実はダージリンの有名茶園技師に直に指導を受けたことも。デリケートな草花の香りと、滋味あふれる味わいが、よりいっそう増した。

春摘み　ネイティブ ヤマガタ

[摘み採り時期] 春
[茶樹] 在来種　[グレード] ―
[色] オレンジ
[香り] 若々しくフラワリー
[味] すっきりやさしい
ストレートティー
300㎖　3g　5分

“天然の、土着の、生まれついての”という「ネイティブ」の名の通り、豊後大野育ちの緑茶用の茶樹から手摘みした茶葉を、紅茶に仕立てた。清々しく素朴な香り。おだやかで丸みのある味わいで、しっかりとした芯を感じる。

DATA
創業：1955年／標高：約200m／茶園面積：3.8ha
エリア：大分県豊後大野市大野町
問い合わせ先：Leafull　http://shop.leafull.co.jp

幻の杵築紅茶を復活させたのは一軒の農家！
今や地域の特産品として愛される逸品に

きつき紅茶

KITSUKI KOUCHA

日本・大分 ＊ JAPAN, OITA

産地の大分県杵築市は、瀬戸内海気候で比較的降雨が少なく、安山岩系土質のため、紅茶栽培好適地として認められ、1950年代から産地化がすすめられた。きつき紅茶は、1969年の国産紅茶品評会で農林大臣賞を受賞したが、紅茶輸入自由化で一時生産が途絶えた。その後、現在の代表が復活させ、生産・製造を行っている。先代から受け継いだ紅茶樹に加え、新品種も導入し、農薬を使わず有機肥料のみで栽培している。製法はオーソドックス製法。

きつき紅茶 匂い桜花入り

[摘み採り時期] 4月〜10月

[茶樹] べにふうき・べにひかり・べにたちわせ・みなみさやか・べにほまれ等

[グレード] ー　[値段] 80g/650円

[色] 濃いオレンジ色　[香り] 甘やかな中に桜の香り

[味] 渋味は少なく、甘く爽やかな余韻

ストレートティー　200mℓ　2g　3分

一釜ごとにサンプルを取り、それぞれの品種や摘み採り時期により独特の味・香りを引き出すよう加工。香りのよい桜の花をブレンドしたこだわりの逸品は、渋味が少なく、甘味と豊かな香りで爽やかな余韻を残す。

DATA
創業：1957年／標高：230m／茶園面積：60a
エリア：大分県杵築市
問い合わせ先：きつき紅茶　☎0978-63-3704

column 14

日本の生姜紅茶

レモン、ミルク?
それとも生姜!?

宮崎茶房の無農薬栽培生姜

「生姜紅茶」は医学博士・石原結實先生が提唱した体を温める紅茶の飲み方。日本中で大ブームを巻き起こし、今やスタンダードになった。作り方は、温かい紅茶に、おろし生姜を親指大（10g）と黒糖を入れて飲む。朝食の代わりなどに一日3杯飲むと、体温が上がって代謝がよくなり、便秘解消、体重減などさまざまな効果が期待できるという。実際、漢方薬の約7割に生姜が配合され、昔から生姜効果は実証済み。また、紅茶にも体を温める効果があり、紅茶に含まれるポリフェノール「テアフラビン」はインフルエンザウイルスの感染を弱めるという発表もある。抗菌効果がある生姜とダブルで頼もしい組み合わせが生姜紅茶なのだ。より効能が高い乾燥した生姜ブレンドされた紅茶なら最強だ。さらに、紅茶も生姜も自然栽培ならなお嬉しい！というわけで、両方を生産する2茶園を紹介。

日本
宮崎県

宮﨑茶房

釜炒り仕上げの有機紅茶と生姜をブレンド「オーサワの生姜紅茶」

神話の里、高千穂の近く、標高1000mを超える山々が広がる五ヶ瀬で、茶作りを行う宮﨑茶房・宮﨑亮さん。紅茶は「在来種」と「やまなみ」等で、緑茶で培った釜炒り茶の技術を活かし、すっきり甘味のある紅茶を仕上げている。生姜も農薬不使用の自家栽培。生姜は連作が利かないため、毎年畑を変えて栽培している。スライスなど生姜加工はすべて手作業。真心が伝わるほっこり味だ。

1080円/60g

問い合わせ先　オーサワジャパン（株）
https://www.ohsawa-japan.co.jp

日本
奈良県

健一自然農園

自然栽培のやぶきた紅茶使用「しょうが和紅茶」

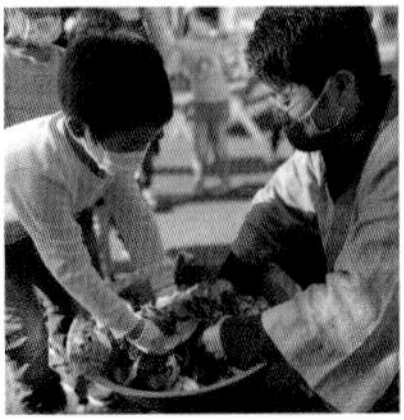

健一自然農園の伊川健一さんが考える生姜紅茶は、やわらかな味の調和。やぶきたで作った紅茶に高知県産の生姜をブレンド。風味やわらかで、刺激が強くなく、体がじんわりぽかぽかと温まる。紅茶、生姜ともに、農薬・化学肥料等は不使用。

p.128参照 280円/1パック(ティーバッグ2g×3個入り)
問い合わせ先　健一自然農園 https://www.kencha.jp/

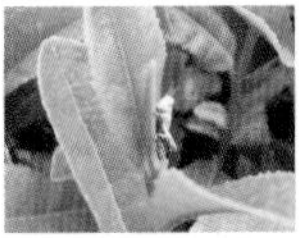

健一自然農園は奈良公園から東へ車で30分の山の中、県北東部の標高400〜600mの大和高原にある。緑茶用の品種やぶきたを自然栽培し、紅茶に仕上げる。渋味が少なくやさしい甘さが特徴だ。自然茶×教育で、命の大切さやモノづくりの面白さを伝える活動にも力を入れる。

昭和58年から無農薬、無化学肥料の栽培に切り替え、平成13年に有機JASの認定を取得。茶畑の広さは14ha、そのうち有機JAS認定の茶畑は12ha。平成14年には「天皇杯」を受賞。平成15年には全国品評会・釜炒り茶部門で「農林水産大臣賞」を受賞

column 15

ティーバッグでアレンジティー

大人のおいしさ！ 柑橘がダブルで香る

アールグレイ・ヴァン・ショー

フランスのホットワイン＝ヴァン・ショーは、赤ワインを温めてオレンジやシナモンを加えた体を温める冬ドリンク。紅茶を使えば香ばしさと旨味が増して美味。プレーンな紅茶でもいいが、アールグレイなら柑橘の香りがついており、風味がよい。ティーバッグだと煮込みも簡単で嬉しい。

●材料と作り方（2人分）

1 小鍋にアールグレイのティーバッグ1個、シナモンスティック1本、生姜薄切り2～3枚、水200㎖を入れて加熱。沸騰したら蓋をして蒸らす。

2 オレンジ薄切り2枚と、赤ワイン200㎖を注ぎ、蓋をして加熱。沸騰直前に火を止める（お酒に弱い人は沸騰させる）。好みで甘味を加える。

● 甘味：苺ジャムを入れるとピノ・ノワール風の味に！ 蜂蜜でもOK。

● スパイスの選び方：シナモンは香ばしい甘味。ローズマリーはスパイシー。丁字（クローブ）はエキゾチックに。生姜は体がポカポカになる効果が。

● その他の使い方：出来上がった「アールグレイ・ヴァン・ショー」でドライプルーンやリンゴを煮るとワインのおつまみに。チーズとも相性抜群。

有機栽培アールグレイティー・ティーバッグ
小さなオレンジ、ベルガモットの柑橘が香る紅茶。原材料 有機紅茶・ベルガモット（スリランカ産）。
2.2g×25個572円
問い合わせ先：
リマコーポレーション
http://www.lima.co.jp

レモンの爽やかな酸味とはちみつのコク甘が、
紅茶の渋味に合う

はちみつレモンティー

●材料と作り方（1人分）

1 温めたカップに、沸騰湯とティーバッグ1個を加え、蓋をして蒸らし、紅茶を濃いめに出す。蜂蜜小さじ1～2（好みで増減）を混ぜる。

2 レモン$\frac{1}{2}$～$\frac{1}{3}$個（10～15㎖）を搾り、1を注ぐ。

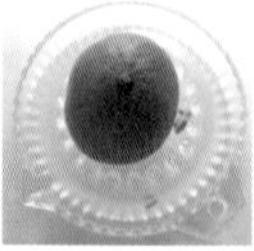

＊ロックで飲む場合は、1の湯量をカップ$\frac{2}{3}$に減らす。
＊レモンは国産のマイヤーレモンがおすすめ。
甘く果汁が多いので紅茶に合う。
＊レモンの代わりに梅酒でも（その場合、蜂蜜不要）。

世界の紅茶ブランド・ヒストリー

THE TEA CHRONICLE

厳選された農園ならではの独自の香りと味わいを求めるシングルエステートの楽しみがある一方で、各ブランドのプライドをかけて、独自のブレンド術と華やかなフレーバー付けによる創造性を競う、紅茶メゾンを飲みくらべる楽しみもある。世界史に出てくるほど有名で400年以上の歴史を重ねる老舗から、21世紀に入って登場した新星まで、今気になる新旧15の紅茶ブランドの出自を探る。

紅茶ブランドと世界の事件でみる紅茶の歴史

1600　1700　1800

- 10C～13C　中国で半発酵茶
- 1600　イギリス東インド会社設立

- 1652～　●英蘭戦争
- 1669　英国がオランダからの茶の輸入を禁止
- 英蘭戦争で英国の勝利する 中国福建省から茶を直接輸入開始
- 1700　完全発酵茶　半発酵茶（烏龍茶）から完全発酵茶（紅茶）へ
- ミュンヘンで創業「ダルマイヤー」

- 1706　トーマス・トワイニング「トムズ・コーヒーハウス」をオープン

- 1717　ロンドンでトーマス・トワイニングが紅茶専門店「ゴールデンライオン」開店
- 1773　●ボストン茶会事件
- 1775～1783　●アメリカ独立戦争
- 1779　●フランス革命
- 1800　独占輸入権の停止
- 英国が茶の独占確保ができなくなる
- 1823　英国人ロバート・ブルースがアッサム地方の密林で新種のアッサム種を発見
- 植民地セイロンで大量生産を開始
- 1823　フランクフルトでティーハウス「ロンネフェルト」オープン

- 1849　ロンドンで紅茶専門店「ハロッズ」オープン
- 1854　パリで紅茶専門店「マリアージュ フレール」オープン

世界史と紅茶の関係は因縁めいている。何と言っても別格は現存最古の「東インド会社」。1600年、エリザベス1世の勅命により誕生したイギリス東インド会社は以後約200年におよぶ中国茶の国策的な独占貿易を行う。英国紅茶の代名詞「トワイニング」の創業は1706年。骨肉相食むのイングランドとスコットランドが一緒になる連合法が両国の議会を通過した年だ。翌年、大英帝国が成立。

1773年のボストン茶会事件。産業革命以後、大衆の紅茶消費増による在庫処理に困っていたイギリス東インド会社に対し、植民地マサチューセッツでの茶の販売独占権を与える英国に反発して、50

1900 1920 1940 1980 2000 2010

- 1886 パリで高級食料品店「エディアール」オープン

- 1889 チャールズ・テイラーがヨークシャーのハロゲイトに「テイラーズ オブ ハロゲイト」創業

- パリのマドレーヌ広場にオーギュスト・フォションが食料品店を創業

- トーマス・リッジウェイがヴィクトリア女王から紅茶の注文を受ける
- サー・トーマス・リプトンがスコットランドで紅茶業を始める

- 1906 明治屋がリプトンとトワイニングを輸入開始
- 1917 ●第一次世界大戦
- 1924 ●世界恐慌
- 1940 ●第二次世界大戦
- 1981 アンドリュー・デンメアがウィーンで「デンメアティーハウス」を創設

- 1987 パリのモンパルナスで「パレデテ」が設立

- 1988 メリル・J・フェルナンドがスリランカで「ディルマ」を設立

- 2004 エドワード・アイスラーがロンドンで「ジンティー」を設立

- 2007 「バシラーティー」がスリランカで創業

- 2010 東インド会社ロンドン・メイフェアで店舗開設

人の原住民に扮した人々が「ボストン港をティーポットにする」と叫び、停泊中のイギリス東インド会社の船から342箱の茶箱を海に投げ捨てた。これを機にアメリカ独立戦争の気運が高まったとか。

1823年には英国人によって植民地インドで自生種アッサムが発見され、これをきっかけにインドでの紅茶大量生産の道が開き、中国茶を駆逐。1849年にはついにイギリス東インド会社による紅茶の独占貿易は終焉し自由競争へと移る。1849年創業のロンドン屈指のデパート「ハロッズ」も原点は紅茶中心の食品雑貨店。紅茶ブランドの歴史をたどると世界史の重大事件に行き着くからおもしろい。

東インド会社

The East India Company Teas

イギリス・ロンドン • 創業年：1600 年

大英帝国の基礎を築いた世界最初の株式会社

スタントン・アールグレイ リーフ・ティー
プレミアムなネロリ・オイルとベルガモットで風味付けされた、華やかなのに安らぐアールグレイ。125g 2160円

女王エリザベス1世の勅令により設立され、紅茶を世界に広めた立役者。当時のオリジナル・レシピを忠実に再現したオーソドックスなブレンドが特徴的。最近ではフレーバー・ティーの開発も。ダージリン地方に所有する自社農園で徹底した品質管理のもと栽培された茶葉を中心にスリランカ、アッサム、ケニアなどの契約農園の茶葉を使用。どのブレンドも味わい深いため、食事やデザートとの相性は格別。

Other Recommends

キャンベル・ダージリン
リーフ・ティー
芳香の高いセカンド・フラッシュを使用し品質の高いものだけに見られる赤み(Liquor)も鮮やか。125g 2160円

ロイヤルフラッシュ O.P.1
リーフ・ティー
1954年にエリザベス2世とフィリップ殿下がヌワラエリヤを訪れ、植樹された紅茶をブレンド。100g 2160円

BRAND DATA
創立者：イギリス東インド会社　問インターデック ☎03-5408-5151
http://www.eastindiacompany.jp/

トワイニング
TWININGS

イギリス・ロンドン • 創業年：1706年

300年以上の伝統！ 革新を続ける、英国王室御用達ブランド

トーマス・トワイニングがロンドンのストランド通りにコーヒーハウス「トムの店」を開店。紅茶が評判となり、その隣に英国初の紅茶専門店をオープン。女性たちに大人気の店となった。その後アールグレイの開発や、ヴィクトリア女王から王室御用達を授かるなど、英国紅茶発展の歴史と共に歩んできた。創業から300年以上たった今も、マスターブレンダーにより厳選された茶葉を用いて、新しいブレンド開発に力を注ぐ。

クオリティ ダージリン

ヒマラヤ山麓のダージリン地方で育まれる茶葉のみ使用。繊細な渋みが特徴の逸品。100g 1296円

Other Recommends

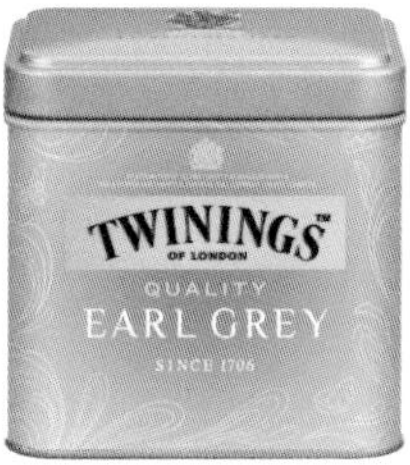

クオリティ アール グレイ

かつての英国首相グレイ伯爵の依頼によって、トワイニングが開発した名作ブレンド。100g 994円

クオリティ レディ グレイ

アールグレイをベースに、オレンジ、レモンのピールと矢車菊を加えたオリジナルブレンド。100g 994円

BRAND DATA

創業者：トーマス・トワイニング　問片岡物産 0120-941-440
https://www.twinings-tea.jp

ロンネフェルト
Ronnefeldt

Ronnefeldt
TEA EXCELLENCE SINCE 1823

ドイツ・フランクフルト ● 創業年：1823 年

唯一の7つ星ホテルで使われる、ドイツの至宝

アイリッシュモルト

アッサムティーをベースにカカオをブレンド。ショコラの香りでロイヤルミルクティーに最適。100g 1944円

日本のロンネフェルトの商品には、缶が存在しない。いかにも高い環境意識を持つドイツのブランドらしい。そんなブランドが作る紅茶は効率を捨てた1芯2葉の手摘み。あくまでも品質にこだわる。また、販売においても独自のシステムであるロンネフェルトティーブティックを採用。15時間のトレーニングとテストに合格した者が販売を許可される。あらゆる知識を身につけ初めてお客様の相手を許されるのだ。

Other Recommends

ゴールデンアールグレイ

最高のダージリンと、優雅で上品なベルガモットの香りが日本で人気のロングセラー。100g 1944円

モルゲンタウ

ドイツで30周年を迎える人気ブレンド。バラとフルーティーなマンゴーの香りが魅惑的。100g 2160円

フリッシュ&フレッヒュ

リンゴ、ハイビスカス、ローズヒップ、グレープフルーツなどをブレンド。香りも優しく、程よい酸味が女性に人気。100g 1944円

BRAND DATA

創業者：ヨハン・トビアス・ロンネフェルト　問ロンネフェルト ティー ブティック
0120-788-381　http://www.ronnefeldt.co.jp

パレデテ

PALAIS DES THES

フランス・パリ • 創業年：1987年

紅茶専門家50人の理想を追い求めて実現

ビッグ ベン オーガニック

アッサムのこくや味わいの強さと雲南紅茶のまろやかさがバランスよく調和。100g 2700円

パリのモンパルナスに集った50人のお茶の専門家や愛好家が理想の紅茶を求めて設立したパレデテ。紅茶の産地20カ国に赴き、自ら直接仕入れることで鮮度と品質を確保し、現地の労働・衛生環境や、農法なども同時にコントロール。現地との、その信頼関係が良い茶葉を供給している理由だ。

BRAND DATA

創業者：フランソワ・サヴィエ・デルマス
問パレデテ ☎03-5809-3377
https://www.pom.co.jp

リッジウェイ

Ridgways

イギリス • 創業年：1836年

「ブレンドのリッジウェイ」は紅茶安定供給の立役者

H.M.B.
(ハー・マジェスティ・ブレンド)

1886年、ヴィクトリア女王からの特別注文に応えるために作られた絶妙な比率の特別ブレンド。50g 1188円

19世紀に入り紅茶文化が庶民に広がり、ロンドンに店を構えたリッジウェイは、独自にティークリッパーと呼ばれる紅茶専門搬送帆船を走らせ紅茶の入手に着手した。そのクオリティと味の評判は王室にまで届き、ヴィクトリア女王の要請で「H.M.B.」(女王陛下のためのブレンド)となり、王室御用達となる。

BRAND DATA

創業者：トーマス・リッジウェイ
問ハマヤ 0120-054-808
http://www.hi-ginza.com/ridgway/

マリアージュ フレール
MARIAGE FRÈRES

■■フランス・パリ ● 創業年：1854年

世界のお茶を知り尽くした大航海時代の申し子

アールグレイ フレンチ ブルー

優雅で洗練されたビロードのような紅茶。ベルガモットの香りとブルーエをブレンド。90g 缶入り 2916円

マリアージュ一族は、ルイ14世の治世から海外との交易に関わってきた。後にアンリとエドゥアール兄弟によって1854年に紅茶専門店「マリアージュ フレール」を開店。中国やセイロンとのルートも維持するフランス初のお茶の貿易会社として、良家や高級食料品店、サロン ド テ、格式のある高級ホテルにお茶を卸した。現在、35カ国の茶園から厳選して製造した500種類以上のお茶を、店頭販売と通信販売によって提供している。

Other Recommends

サクラ 2021

麗しい味わいの緑茶に、咲き誇る日本の桜をイメージしたフレーバリング。
80g 缶入り 3780円

マルコ ポーロ

フレーバードブレンド。中国茶をベースにチベットの花と果物が、特別な芳香を。
100g 缶入り 3024円

ルージュ イン ラヴ

マリアージュ フレールのデザートをそのままフレーバードティーにしたかのよう。ティーバッグ30個入り 4968円

BRAND DATA

創業者：アンリ・マリアージュ、エドゥアール・マリアージュ　問マリアージュ フレール 銀座本店 ☎03-3572-1854　https://www.mariagefreres.com

エディアール

HEDIARD

フランス・パリ ● 創業年：1854年

パリの文人、芸術家、政治家たちが顧客の高級店

ダージリン

「紅茶のシャンパン」といわれるダージリン。すっきりした味わいは和菓子にもよく合う。125g 2916円

約160年前、パリのマドレーヌ広場に高級食料品店として開店したエディアール。ピカソ、ヘミングウェイなどの文豪や芸術家、社交界や政界までを顧客に持ち、コルベール委員会にも食料品店として唯一名を連ねる。創設当初から常に専門知識を探求し続け、茶葉がもつ多様性と、様々なニュアンスや表情の違いを把握するために情熱をもって茶葉を厳選している。フランスらしいフレーバーティーは絶品。

Other Recommends

アールグレイ

ベルガモットの爽やかな味と香り。新芽の部分のシルバーチップがブレンドされ、より一層高級感が味わえる。
125g 2376円

エディアールブレンド

アールグレイにオレンジとレモンの香りをプラス。柑橘系の爽やかな香りが楽しめるエディアール自慢の紅茶。
125g 2376円

BRAND DATA

創業者：フェルディナン・エディアール　問センチュリー トレーディング カンパニー
☎03-3208-5881　http://www.ct-c.co.jp/foods/hediard.html

テイラーズ オブ ハロゲイト
TAYLORS OF HARROGATE

EST 1886
TAYLORS
OF HARROGATE

イギリス・ハロゲイト ● 創業年：1886年

ヨークシャーティーの生みの親、水を知り尽くした技が光る

ヨークシャーゴールド

20種類以上の茶葉をブレンド。渋さに独特の深みがありながらもマイルドな味わい。250g 2052円

テイラーズを代表するヨークシャーティーは、イギリスでもトップブランドの紅茶である。作家アガサ・クリスティーも愛したエドワード王朝の香り漂うハロゲイトは鉱泉の町であり、この土地の水を活かし、各地の水質に合わせて、世界中から集めた茶葉を絶妙にブレンドしている。ヨークシャーゴールドは、ヨークシャーティーにさらに風味と贅沢さを加えた紅茶で、エレガントなブレンドとなっている。

Other Recommends

アールグレイ

極上の茶葉に天然のベルガモットオイルで香りを。爽やかでしかも上品な仕上がり。125g 3240円

ティールームブレンド

自社のティールーム「ベティーズ」のためにブレンドしたオリジナル。芳醇にして強いコクの一杯。125g 3564円

BRAND DATA

創業者：チャールズ・テイラー　問TRC JAPAN ☎03-6380-9579
http://www.trcjapan.com

フォションFAUCHON

FAUCHON PARIS

フランス・パリ ● 創業年：1886年

ストイックな茶葉選びだからこそ世界中の紅茶通が認める逸品になる

アップル

セイロン茶葉に、りんごの香りをプラスしたフォションのフレーバーティーの代表格。140g 1944円

「この店でしか手に入らない食品だけを提供し、あらゆるグルメに対応できる品揃えをすること」。この創業者の理念のもと、パリのマドレーヌ広場に、小さな食料品店を創業。紅茶においては茶葉の名産地の中でも信頼できる茶園を選び、さらに毎年の天候による微妙な生育の変化も見逃さない。作柄が悪ければその年の生産を見送り、茶園を変更する。こうした茶葉への厳しい目から生まれる紅茶は、世界中の紅茶通が愛してやまない。

Other Recommends

ダージリンF.O.P.

インド北部ダージリンの険しい山の斜面で栽培。葉が大きく花の香りを思わせる繊細な香り。100g 3132円

チャイ

7種のスパイスをミックスしたインドの伝統的なチャイティー。温めたミルクで茶葉を蒸らしても美味しい。130g 2808円

パリの午後の紅茶

ベースの紅茶にバラの花びらとオレンジピールを加えバニラの香りを添えたフレーバーティー。100g 2592円

BRAND DATA

創業者：オーギュスト・フォション

問 高島屋 0120-130-037（水・日・祝日を除く10時～18時）

ダルマイヤー

Dallmayr

ドイツ・ミュンヘン • 創業年：1700 年

ヨーロッパ屈指のデリカテッセンが紅茶に魅かれて

No.13 ダージリン SFTGFOP1

ダルマイヤーを代表し、長く愛され続けてきた1st Flushブラックティー。

125g 2700円

遡れば、その創業は1700年頃と言われ、ダルマイヤーの名を冠したのは1870年。ヨーロッパ屈指のデリカテッセンとしてバイエルン王室、ドイツ帝国皇帝から王室御用達として重用される。紅茶部門を立ち上げたのもその頃。以来厳選された茶葉の香りを大切に農園の選択と最良の茶葉選びをティーエキスパートが繰り返し行っている。毎日300杯のテイスティングを日課にするブランドはそうありはしないだろう。

Other Recommends

アールグレイ
ピラミッドティーバッグ

4mの高さになるベルガモットの木の実の精油を紅茶に香りづけ。フレッシュなシトラスの香り。 20袋 3024円

トゥルシー
ピラミッドティーバッグ

トゥルシーにルイボス、オレンジ、ジンジャー、スパイスをブレンド。ノンカフェインでリラックスタイムに。 20袋 3024円

フルーツフォレスト
ティーバッグ

砂糖を加えなくても、みずみずしいフルーツのような味わいのフルーツティー。

25袋 1080円

BRAND DATA

創業者：Alois Dallmayr　問AMADEUS ☎078-858-7145

https://www.amadeus.co.jp

リプトン
Lipton

スコットランド・グラスゴー • 創業年：1889 年

生まれながらのビジネスパーソンにして慈善家。「茶畑から直接ティーポットへ」

リプトン イエローラベル
リプトンの定番。日本人の嗜好や水に合わせたマスターブレンダーこだわりのブレンド。
50g オープン価格

創業者サー・トーマス・リプトンは、1850年グラスゴー生まれ。渡米して商売を学び帰国、商人として成功を収める。上質な紅茶をより安くという信念で茶樹の栽培から生産まで一貫して行い、スローガン「茶園から直接ティーポットへ」が生まれた。安定した品質の紅茶は125カ国以上で愛されている。

BRAND DATA
創業者：サー・トーマス・リプトン
問ユニリーバ ☎0120-238-827
https://www.lipton.jp/

ディルマ
Dilmah

スリランカ • 創業年：1988 年

スリランカで誕生した、「産地初の紅茶ブランド」

イングリッシュ ブレックファースト
スリランカ高地・ディンブラ地域産の茶葉で、ミルクにも負けない深みのある味わい。
125g 756円

スリランカ出身の創業者メリル・J・フェルナンドが「複数の産地の茶葉のブレンドではなく、スリランカ産紅茶本来の香りと味わいを、新鮮なまま直接消費者にお届けしたい」と決意して設立した"新鮮" "純スリランカ産" にこだわるブランド。その収益で地域社会の持続的な発展を支えている。

BRAND DATA
創業者：メリル・J・フェルナンド
問ワルツ ☎0120-345626
https://www.dilmah.jp/

デンメアティーハウス

DEMMERS TEEHAUS

オーストリア・ウィーン　• 創業年：1981年

ウィーンの魅力的なティートレンドを世界に発信

ザッハブレンド

ダージリンなどの茶葉に、ジャスミンのつぼみとベルガモットが絶妙にブレンドされたベストセラー。100g 2100円

1981年にアンドリュー・デンメアがウィーンで設立したブランド。ヨーロッパを中心に30店舗以上を展開し、アジアでは東京・六本木にカフェ併設の店舗がオープンするなど、世界中で愛されている。とりわけウィーンの最高級ホテル「ホテル・ザッハー」の公式ブレンドは定評がある。またドライフルーツと花をブレンドしたノンカフェインのフルーツティーの種類も豊富で人気がある。

Other Recommends

フルーツガーデン ティーバッグ

イチゴの香りが特徴の定番フルーツティー。甘酸っぱく濃厚な味わい。
100g 2100円

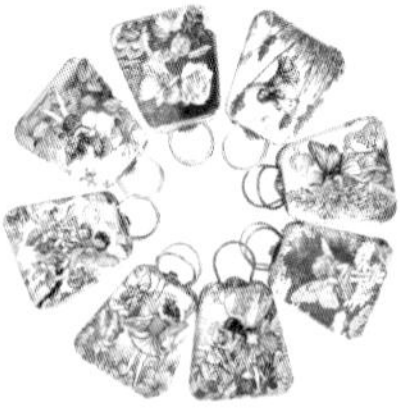

フェアリー缶

中には、天然香料で作られたアールグレイのティーバッグが3個入り。
1450円

with love cat缶

蜂蜜フレーバーのフルーツティー・ハッピーデーのティーバッグが7個入り。
1700円

BRAND DATA

創業者：アンドリュー・デンメア　問デンメアティーハウス ☎03-5772-1812
https://www.demmer.co.jp/

ジンティー

JING TEA

JING™

イギリス・ロンドン ● 創業年：2004 年

ひときわ優れた味のTEAをシンプルかつエレガントに

アールグレイ ルースティー
最高級のセイロン茶をベースに、天然のベルガモット抽出物とブルーコーンフラワーを。
100g 4838円

創立者英国人エドワード・アイスラーの「最高品質のTEAを英国に根付かせたい」という思いで創設された新進気鋭の高級TEAブランド。昔ながらの茶園で、熟練の生産者が丹精込めて育てた最高級の茶葉を厳選。世界のトップホテルや、ミシュラン認定店のスターシェフたちにも、こよなく愛されている。

BRAND DATA
創業者：エドワード・アイスラー
問ミカサ通商 ☎03-3391-2251
https://jingtea.mikasa-net.co.jp

バシラーティー

BASILUR TEA

EXCLUSIVE PREMIUM QUALITY BASILUR

スリランカ ● 創業年：2007 年

生産地故に世界中のノウハウが蓄積された、フレッシュな一杯

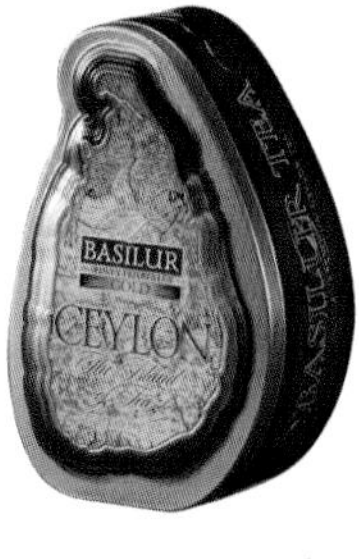

アイランド・オブ・ティーゴールド
大きなOP1の茶葉だけを贅沢に使用。スモーキーな深い香りとマイルドなテイスト。100g 2700円

新整備の自社工場で厳格な品質管理のもとに生産されているバシラーティー。セイロンティーの原産国、スリランカの自然豊かな大地で栽培された茶葉は、専属の熟練テイスターの手によってブレンド品質を徹底管理。茶摘みからわずか1ヶ月以内で製品化された、上質な香りと深い味わいに定評がある。

BRAND DATA
創業者：ガミニ・アビウィックラマ
問BASILUR TEA JAPAN ☎078-335-6885
https://www.basilurtea.jp

フレーバーティーの楽しみ

「ダージリン」や「アッサム」などの産地によって名付けられている茶葉がある一方で、たとえば「アールグレイ」や「アップルティー」など、産地によらない「ティー」も多い。お店の紅茶のメニューでもよく見かけるけれど、どんな「ティー」なのだろう。日本でも人気の高い「フレーバーティー」について紹介する。

 写真(p.158)／原 隆夫(Luxpho)

フレーバーティーとは、香り高い花や果物の皮、スパイス、精油、香料などで香りづけした茶葉のことで、日本では「着香茶《ちゃっこうちゃ》」と呼ばれる。紅茶をベースとしたアールグレイ、キャラメルティー、アップルティーなどがお馴染みだが、フレーバーティーは「風味をつけた茶」なので、必ずしも紅茶とは限らず、緑茶や白茶などをベースとしたものも多い。かつては、どんな環境でも良質な紅茶を楽しめるようにと開発されたようだが、現在ではオリジナリティや付加価値を高め、より多様で豊かな“お茶の時間”を楽しむための商品としての存在感が増しているようである。近年、さまざまなブランドが台頭し、工夫を凝らしたおいしいフレーバーティーが入手できるようになったので、自分好みをぜひ見つけて楽しもう。

ティーブレンダーのセンスが光る「グリフォンティー」は
シンガポールから日本に初上陸した高級フレーバーティー

シンガポールのラグジュアリーホテル、カフェ、レストランなど幅広いシーンで支持されている「グリフォンティー」は、2006年に誕生した気鋭のティーブランド。2020年に日本に上陸するや、種類も豊富で印象に残るオリジナルフレーバーティーが評判に。ブランド創業者であり、唯一のティーブレンダーでもあるリム・ティアン・ウィーさんの作り出すフレーバーティーは、革新的かつ個性的なブレンドで、飲む人に他では味わえない特別な時間を提供してくれる。

アール グレイ ラベンダー

紅茶に、フランス・プロヴァンスのラベンダーとイタリア・カラブリアのベルガモットを合わせたフレーバーティー。ラベンダー、ベルガモットに柑橘類の香りが加わり、繊細でありながら個性的で豊かな味わいに癒やされる。 ティーバッグ20個入り 2700円

コンテッサ グレイ

ダージリンをベースに地中海で採れたユーカリと日本産のシソを合わせた、爽やかな味わい。やわらかなベルガモットの花の香りがとてもエレガントな飲み口だが、後味はすっきりとして、爽快な余韻が残る。
ティーバッグ20個入り 2700円

ストレイツ・チャイ

スマトラ産の紅茶にカルダモン、シナモン、黒こしょうなどのスパイスとオレンジを合わせたフレーバーティー。果実の風味とオリエンタルなスパイスが魅力的で、しっかりとした飲み応え。甘いミルクを加えてもおいしい。 ティーバッグ20個入り 2700円

問い合わせ先：株式会社プレミアム旅行社 ☎03-3262-6480（平日10:30 ～ 16:30）

世界が羨望する
ジャパンブランドの茶器

伊万里、有田と古くから欧米にその価値を知られていた日本の陶磁器。明治以降、紅茶文化の中心欧州で育まれたティーカップを日本で製造開始して1世紀。今やその美しさは本場の水準を凌ぐ。

ノリタケ最高峰コレクション Masterpiece collection Queen's Garden (2011年)

世界を牽引する
日本製洋食器の原点

――ノリタケ――

幕末から明治初期にかけて、鎖国が解かれた日本から大量の金が海外へと流出するのを目の当たりにした、日本近代窯業の森村市左衛門は、「金を取り戻すには、輸出貿易によって外貨を獲得することが必要」と、弟・豊《とよ》とともに海外貿易をスタートさせる。その後、パリ万博で精緻に美しく画付けされたヨーロッパ製磁器に目を見張り、この美しい磁器を日本で作りたいとの思いを強くする。数年後、最新技術を学ぶため技術者をヨーロッパに派遣、1904年ノリタケカンパニーの前身「日本陶器合名会社」を創立。国産洋食器への挑戦が始まった。

創業者 森村市左衛門

創立当時の本社工場
（1904年）

昭和初期の工場風景
（1909年）

日本で初めて完成した
ディナーセット「セダン」
（1914年）

今の名古屋市西区則武新町に近代的設備を整えた大工場を建設し操業を開始したものの、生産を軌道に乗せるまでには試行錯誤の年月を要し、10年後の1914年、ついに日本初のディナーセット「セダン」を完成させる。米国へ輸出されたこの日本製洋食器は大ヒット、やがて「ノリタケチャイナ」の名で世界中に知られるブランドへと成長。創立当初から受け継がれる伝統的なスタイルは、アフタヌーンティーが成立した19世紀のヨーロッパ文化最盛期の洋食器を彷彿とさせ、今世界で最も紅茶をおいしくみせる舞台装置のひとつだ。

様々なシーンで楽しむ ノリタケのティータイム

いつの時代も変わらぬ人気の「花更紗」

発売されて30年あまり、いつの時代も人気の「花更紗」。ゆるやかなフォルムが特徴で、ペルシャ風の花模様が美しく、幅広い世代に愛されているロングセラーシリーズ。

結婚のお祝いやギフトに喜ばれる「レースウッドゴールド」

控えめなエレガンスが好印象で、贈り物に人気の「レースウッドゴールド」。サムシングブルーを思わせる、清楚なブルーの色使いで、新たな人生の門出や結婚のお祝いに喜ばれる。

ボーンチャイナの人気シリーズ「ジャルダン フルーリ」

ボーンチャイナは18世紀に英国で発明され、日本では昭和7年にノリタケが初めて完成させた素材。透明感と光沢が美しく、その名の通り花々が咲き誇る、優美なシリーズ。

名品の系譜を受け継ぐ「ヨシノ」

1931年に発売された「CYRIL シリル」から、コンセプトを受け継ぎ、5代にわたって歴代のデザイナーがアレンジを加えた「ヨシノ」。名品の系譜に連なる、ノリタケを代表するシリーズのひとつ。

どんなティータイムにも万能な「シェール ブラン」

ノリタケの伝統と技術が注がれた「シェール ブラン」。強度を保ちながらも薄くて軽い実用性を備える。美しいレリーフの純白は、どんなティータイムにも合うので日常使いに最適。

ノリタケの美と技術が集結した「花銀彩百合」

アールヌーボーのデザインを現代に甦らせた逸品。美しいプラチナカラーを生み出すために、均一の厚さで手描きされた大輪の百合は、非常に高度な技術を要する。極上のティータイムが過ごせる。

世界の来賓をもてなす日本の至宝

大倉陶園

大倉孫兵衛

大倉和親

1922年に誕生した
最初の作品
「白磁薄肉彫蓋付菓子鉢」

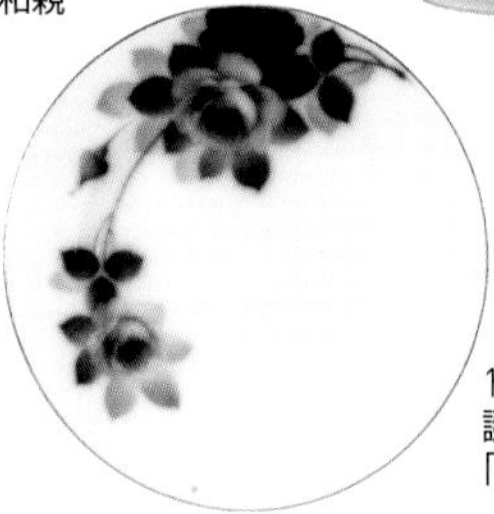

1928年に
誕生した
「ブルーローズ」

世界が羨望する
メイド・イン・ジャパンの実力

透き通るホワイト地に浮き上がるブルーローズの絵柄と、気品をたたえた金縁。手にした瞬間から、由緒ある家で代々使い続けられてきたような感覚をおぼえる、それが大倉陶園の茶器の圧倒的な存在感だ。世界のどの高級洋食器にも負けない白色硬質磁器の国産化の実現を夢見た、近代日本の窯業界の祖である大倉孫兵衛、和親父子はヨーロッパ各地の製陶工場を訪ね、1919年、ついに高級美術陶磁器の工場を東京・蒲田に設立する。

いまや、「セーブルのブルー、オークラのホワイト」と世界中から絶賛される大倉陶園の製品にほどこされた、「手描き」、「岡染め」、「エンボス」、「漆蒔」、「金蝕」といった製造手法は、オーダーメイドが主流だった創業当時のこだわりを、今もなお受け継いでいる。

流行やトレンドを超越した、不動の格調の高さと気品にあふれる大倉陶園の食器は、迎賓館 赤坂離宮の晩餐会という最高の舞台で、世界の来賓をもてなす名脇役としても活躍している。

伝統の技

初期のオーダーメイド時代から続く熟練の妙

オークラのホワイト

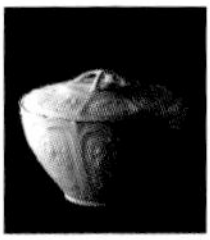

創業から最高の白磁を創り上げることを理念とし、独自のオークラホワイトを実現。最高級の原料を使用し、焼成は1460度もの高温で本焼きを行う。

岡染め

本焼成した白生地にコバルト絵具で絵付けをし、再度1460度の高温で焼成。コバルトの青色は釉薬と融合し独特なオークラブルーを生み出す。

手描き

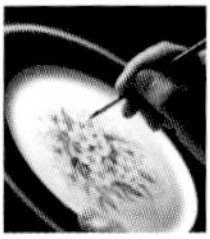

日本画の技法を用いた手描き技法。絵具を油で溶いて描く方法により、繊細で色鮮やかに仕上がる。国家技能検定1級を取得した絵師が描く芸術作品。

エンボス

金色の模様を浮き立たせる、複雑で繊細な装飾技法。高度な熟練を要する技術であるため、今日では大倉陶園だけが保持する貴重な技能遺産となっている。

漆蒔

漆の上に絵具の粉を蒔き、綿で軽く擦りながら染み込ませていく蒔絵技法。深みのある色や鮮やかさを表現できる。顔料を複雑な形状の生地に均一につけられる。

呉須

釉薬をかける前の素焼素地に彩色する技法。コバルトを含む顔料を釉薬の下に着色するので耐久性に優れ、落ち着きのある色合いになる。

瑠璃

白生地の上にコバルト質の絵具をむらなく付け、本焼窯で焼き付ける技法。釉薬にコバルト質絵具が溶け込み、光沢のある深い群青色に仕上がる。

金蝕（サンドブラスト）

釉薬を施した生地の模様をマスキングし、その上からサンドをかける。その後、金を施し焼成すると金の光沢に差が出る。模様が立体的に浮き上がる。

受け継がれる普遍のデザインとその魅力

人気シリーズが愛されるその理由

愛されるロングセラー「ブルーローズ」

1928年に誕生した「ブルーローズ」シリーズ。自然界で「青いバラ」が存在しなかった時代から大倉陶園は陶磁器にそれを実現させ、不動のロングセラーとなる。90年以上も続く、変わらぬデザインは「受け継ぐ食器」として、親子代々にわたって愛用されている。

結婚祝いや贈り物に人気の「うまくゆく回転木馬」

回転木馬が9頭で「馬九行く(うまくゆく)」という、なんとも縁起のよい絵柄。9頭全ての馬の、毛並みや鞍のデザインが異なるのも魅力。品格のあるデザインと縁起の良い名前に加え、明るく楽しい印象で、贈り物としても人気のシリーズ。

もっとも豪華な「花園」

色とりどり様々な花が咲きこぼれる「花園」。各花を最初にレイアウトして、熟練のペインターが精緻に花の絵を盛り込み描き込んでいく、マスターピースといっても過言でないシリーズ。緻密な手描き技法のため、仕上がりに5〜6カ月、またはそれ以上を要する場合がある。

迎賓館 赤坂離宮のご用洋食器として世界の来賓をもてなす

国賓を迎える正式なテーブルセッティング

元々赤坂離宮は1909年(明治42年)に、大正天皇の東宮御所として『ベルサイユ宮殿』を模して建てられた。現在の迎賓館 赤坂離宮は外国の元首や首相など、国の賓客に対して、宿泊その他の接遇を行うために設けられた迎賓施設となっている。大倉陶園は、内閣総理大臣官房迎賓館準備室より製作依頼を受け、ご用洋食器を昭和49年3月に納品し、現在も外国からの賓客をもてなす最高級の洋食器として称賛されている。

正餐用食器 (非売品)

迎賓館に宿泊されている国賓が主催するリターンバンケットで使用される食器。マロン赤に、バロック調の金曲線で縁取りされたデザイン。手描きによる3種類の果実絵のサービスプレートは、宴での大いなる収穫を祈る意味も含ませている。150人揃。2340個。

歓迎会用食器
(非売品)

ビュッフェスタイルで催されるレセプション用の食器。白磁を活かしたデザインで、金蝕の輪は切れることのない友愛を表現。オリーブの葉でつながれたロココ風のリボン模様は永遠の平和を表す。

個室用食器
(非売品)

迎賓館に宿泊されている国賓、随員の方々の朝食と昼食に使用される食器。公式の場でなく寛ぎの場での使用を考え、優しげなフォルムのレリーフ形が特徴。日本国政府の紋章、五七の桐を金で表す。

カップの底から
透かし美人が!?

透き通るティーカップ 岐阜の薄陶器

——丸直製陶所——

美濃焼の産地で有名な岐阜県の土岐市で、明治時代よりヨーロッパに輸出する磁器を生産してきた丸直製陶所。ここの製品の特徴は、卵の殻のように薄くて軽い“エッグシェル”という磁器づくり。約1mmという驚異の薄さは、光にかざすとうっすらと透き通る。

その中で日本はもとより、古くから海外で好んで愛用されているのが、白地にブルーで描かれたカップ&ソーサー。カップの底に芸者の顔の透かしが入った、これぞニッポンの職人技の極みといえる作品。ヨーロッパのアンティーク磁器を思わせる薄手のフォルムとクラシックな日本画が、日本の「粋」を見事に表現。さらに紅茶を飲むとき、カップに触れた唇からその繊細な薄さが、手に取ったとき、驚きの軽さが伝わり、ティータイムがいっそう楽しくなる。

レトロな日本画が描かれたカップ&ソーサー。カップの底から、大正時代から伝わる“透かし技法”を使った“透かし美人”を眺めることができる。デザインは5種類。

薄陶器を活かした華奢なフォルムに、涼しげなストライプ柄が映えるデミタスカップ。右:グレーストライプ、左:ブルーストライプ。

可憐な花のモチーフとクラシックな文様のミニマグカップ。内側の縁にもデザインが施されている。右:華亀甲柄、左:小花柄。

丸直製陶所/創業は1900年頃。美濃焼の産地、岐阜県の土岐市にて、家族で営む。日本に数軒のみ残る、卵の殻のように薄くて軽い“エッグシェル”の磁器づくりが可能な窯。また、柄の印刷された和紙を刷毛で貼りつけ、その模様を転写させる「銅版転写」においても国内屈指の技術を持つ。

SELECT TEA SHOP ❶

MARIAGE FRÈRES

マリアージュ フレール

オーセンティックな雰囲気が漂う店の扉を開けると、
目に入るのは壁一面に並ぶロゴ入りの黒いお茶の缶。
世界中の選りすぐりの名茶園で摘まれた500種類の
貴重な茶葉が、最高の条件で提供されている。

1854年にアンリとエドゥアールのマリアージュ兄弟によってパリで創業されたティーブランドの名門。お茶の愛好家でもあったルイ14世のもとで貿易に携わった名家の交易網を受け継ぎ、世界35ヵ国の茶園の500種類にも及ぶ良質な茶葉を販売している。ブランドのこだわりは、お茶の世界を知らない人たちをお茶の世界へ招き入れること。最良の条件でお茶を楽しむために、ポットやカップなどの茶器、お茶を使用した菓子や食品、料理やカクテル、そしてお茶を楽しむ場としてのサロンなど、お茶にまつわるあらゆるものを提案。洗練されたフランスのエスプリを感じさせる「フランス流紅茶芸術」の世界は、お茶の愛好家たちを魅了し続けている。

AREA TEA

優れた茶葉を求めて世界中の茶園を訪ねるブランドのエリアティーは、茶園や摘み採り時期で細かく分けられ、ダージリンだけでもその数は50種類以上。茶葉への徹底的なこだわりがうかがい知れる。

T129 インド ダージリン プリンストン TGFOP1

ファーストフラッシュのダージリンの葉だけを厳選してブレンド。「紅茶の王」と呼ぶにふさわしい品格がある洗練された味わい。花を感じさせる華やかな芳香で香味が楽しめる。
100g 2700円

T157 インド アッサム メレン FOP

インド北東部のアッサムは世界最大の紅茶の産地。水色は深みのある赤、香りは強くモルトを思わせる濃厚な味わい。5月半ばから6月末までに茶摘みされたセカンドフラッシュ。
100g 2268円

T200 ユンナン インペリアル TGFOP

中国雲南地区の上質な茶葉のみを使用。先端が黄金色に輝く新芽「ゴールデンチップ」を多く含んだ美しい葉が特徴。味は辛口で花のような豊かな香り。朝食向きの高級茶。
100g 2484円

T308 セイロン ラトナピュラ OP

スリランカの首都コロンボから東90キロに位置するラトナピュラは、セイロンの産地としては標高が低い地域。長い茶葉が特徴で、うっとりする芳香のまろやかなお茶。
100g 1728円

T606 モーリシャス グラン ボワ シェリ

アフリカのモーリシャス島のお茶を使用したフレーバードティー。ブロークンタイプのお茶で、はっきりとしたヴァニラの味が感じられる。発酵の強さが際立つ午前中向きのお茶。
100g 2376円

BLEND TEA

世界各地の上質な茶葉だけを選んで作られるマリアージュ フレールのブレンドティー。さまざまな個性を持った茶葉が出合い、ブレンドされることで今までなかった新しい香りや味わいの世界が創り出される。

T707 ウエディング

セイロンの上質な茶葉ばかりをバランスよくブレンドしたやさしくも香り高きお茶。味わいは、強すぎず、甘すぎず、心地がよい。ミルクによく合う。100g 1944円

T721 《1854》1854創業記念

中国とインドの高級茶葉をあわせた逸品。ジャスミンの花がブレンドされ、茶葉は白い芽を含む。創業年へのオマージュとして作られた繊細な味わい。午後向きのお茶。100g 2376円

FLAVOURED TEA

お茶のことを知り尽くしたマリアージュ フレールが生み出した、茶葉の香り高い風味を生かしながら、果物や花の香りを巧みにブレンドしたオリジナルの新しいフレーバード ティー。

T918 マルコ ポーロ

アジアの花と果物がお茶に特別な芳香を与える。独特の甘さを感じさせながらバランスのとれた香りのフレーバード ティーは、人気のロングセラー。100g 2700円

T8005 アールグレイ フレンチ ブルー

優雅で洗練されたビロードのようなお茶。茶葉にベルガモットの香りとブルーエ（矢車菊）の柔らかい花が美しい伝統的なアールグレイ。100g 2592円

MOUSSELINES COTTON TEA SACHETS

大量生産されるペーパー製のティーバッグとは一線を画す、一つひとつ手作りされるモスリンコットンのティーバッグ。茶葉を傷めることなく良質の葉を十分に開かせてから、お茶の成分を抽出させることが可能。茶葉が本来持つ最良の味を簡単に引き出すことができる。

バラエティーに富むオリジナルの茶器

高級洋食器として美術的価値の高いボーンチャイナ。白磁のオリジナルティーポットは、世界的にも有名なロイヤルファミリーにも愛用される高級洋食器メーカーが製造を担当。完璧な白磁の美しさを創り上げるために、最高級のカオリン（鉱石）を使用し、焼成は世界でも類を見ない1460度の高温で行っている。

店内に整然と並べられたオリジナルのティーポットはどれも個性的で、磁器製、ガラス製、鉄製など素材や色、形もさまざま。これまで200種類以上のティーポットを世に出してきた。お茶はそのお茶にふさわしいティーポットで淹れることが大切。セイロン、アッサムなどタンニンの含有率が多い紅茶には、多孔質の素焼きや錫、銀製がおすすめ。半発酵茶には、陶器、磁器、ほうろう、耐熱ガラスが、フレーバード ティーには香りの付かないガラス製がおすすめ。

お茶を使った料理

サロンのフランス料理のメニューも、ほとんどがお茶を使用している。組み合わされた食材はお茶の存在を消すことなく、あくまで主役のお茶を引き立てるのが役割。

スノッブ サラダ　3630円

お茶を使ったお菓子

1860年に創業者が考案した茶葉を練り込んだチョコレート。口に含むとお茶の香りが広がる。「マルコ ポーロ」、「アールグレイ インペリアル」、「ノエル」などの種類がある。

ショコラ デ マンダレン
（お茶を使ったチョコレート）

広がるフランス流紅茶芸術の世界

お茶を使ったデザート

食後またはティータイムのデザートにも、お茶を使用。パリ、ロンドンのマリアージュ フレールと同じレシピで仕上げられる秀逸の作品の数々を、季節ごとに味わうことができる。テイクアウトも一部利用可能。

エトワール ミステリユーズ　1760円

フレンチ アイスティー

フランス流のお茶の世界を広げるフレンチ アイスティー。フレンチ サマー ティー コレクションなど、豊かな香りのフレーバード ティーなら、1年中アイスティーを楽しめる。

フレンチ アイスティーのバラエティー

MARIAGE FRÈRES Photograph by FRANCIS HAMMOND

フランス流紅茶芸術を体験できるショップ&サロン

マリアージュ フレールの銀座本店は、シックで高級感が漂う店構え。重厚な扉を開いて中へ入ると、壁にはカラフルな茶器が並ぶ。奥には秤売りコーナーがあり、マリアージュ フレールの茶を知り尽くしたギャルソンが、好みに合ったお茶を一緒に選んでくれる。お茶の香りや茶葉の状態を確認しながらの販売は日本初。何よりも品揃えが豊富で、世界35ヵ国の最高の茶園で採れた約500種類のお茶が購入できる。

本店の「サロン ド テ」は、フランス流紅茶芸術の世界を体験できるサロン。2階はコロニアル調、3階はアールデコ調の内装で、パリ本店の雰囲気を再現する優雅で洗練された空間。1階で扱っているお茶のほとんどを注文することができる。あまりの種類の多さに迷った時は、ギャルソンに味や香りの好み、その日の気分などを伝えれば、ぴったりのお茶を提案してくれる。

SHOP DATA

マリアージュ フレール
銀座本店

東京都中央区銀座5-6-6
TEL 03-3572-1854
営業時間（定休日なし）
ブティック・お茶の博物館
11:00～20:00
サロン ド テ
11:30～20:00
https://www.mariagefreres.com

SELECT TEA SHOP ❷

リーフルダージリンハウス銀座

「季節の摘みたてダージリンの魅力や、茶園の豊かな個性を伝えたい」とリーフル代表の山田栄さん。深いグリーン色で統一された店舗には、同色の商品パッケージがずらりと並ぶ。

店内にはダージリンを中心に、アッサム、ハイレンジ、ニルギリ、シッキムなどのインド紅茶、セイロン(スリランカ)、中国紅茶に加え、貴重なネパールの紅茶など100種以上のアイテムが揃って圧巻。高級レストランやホテルのワインソムリエからも厚い信頼が寄せられる。

1988年の創業以来、30年間にわたり、現地との交流を深め、山田さんは年3回(春・夏・秋)のクオリティーシーズンに茶園を訪問。茶園のマネージャーや製造スタッフと、栽培や製造方法をディスカッションし、テイスティングを重ね、買い付けを行っている。ゆえにどれも絶対に外れがなく、高貴で奥行きの深い、おいしい紅茶ばかりだ。また、独自にブレンドしたオリジナルティー、50種以上のハーブティー、ティーグッズ、ギフト用の商品など、アイテムも豊富。一部を除き、気になる商品はテイスティングも可能。ギフトの相談にも快く応じてくれる。紅茶教室も随時開催している。

圧巻なのが、ガラステーブルに並んだ茶葉見本。特選の紅茶が並ぶ。特に力を入れるダージリンは、インド北東部ヒマラヤ山脈に対面する高原地帯に位置。寒暖差が激しく、日中も濃い霧に包まれる独特の風土が、デリケートで香り豊かな茶葉を育む。山田さんはシーズン当初に茶園を訪れ、テイスティングで選びぬいた茶葉を空輸で直送。旬の紅茶がいち早く店頭に並ぶ。

⬆ 魅惑的な味と香りに誰もが驚く水出しティーは、その時、一番ふさわしい茶葉を選んで作る。2021 1st Flush タルボ農園DJ-1、グレードFTGFOP1。

⬅ ワインのように食事中に楽しめる水出しティー。このボトルは注口部分にフィルターがセット。750mℓ 2200円

旬のシングルエステートから届く茶葉が有名なリーフルだが、オリジナルブレンドも品質が高くファンが多い。

SPECIAL BLEND　DARJEELING BLEND　EARLGRAY CLASSIC　CHAI

ダージリン 1st Flushの入荷状況を伝えるマップ。THURBO、MARGARET'S HOPE、GIDDAPAHAR、RISHEEHAT、PUTTABONG、CASTLETONなど名園がズラリ。

イン ザ ダーク ギンザブレンド

銀座店オリジナルブレンドは、カカオのほろ苦さと芳醇なブランデーの香りが深く調和する大人のアロマティー。ゴールデンチップが入ったアッサムリーフティーがベースで味わい深く、ミルクティーにも向く。アルミ袋入り50g 1296円

店内に飾られた茶園の箱。デザインも記載も色々だ。一段と立派な木箱は、長年にわたり親交を深めてきたダージリンのサングマ茶園。ここには山田さんの名がついた「ヤマダバリ」という茶畑がある。

深川製磁の瑠璃色のティーセット、白磁、ガラスのポット、水出し茶用のポットなど、紅茶関連商品がブティックのように並ぶ。

SHOP DATA

リーフル
ダージリンハウス銀座

東京都中央区銀座5-9-17
あづまビル1F
TEL/FAX 03-6423-1851
営業時間 11:00～19:00
定休日:元日
http://www.leafull.co.jp

SELECT TEA SHOP ❸

紅茶専門店 TEAPOND

ティーポンド

清澄白河・深川資料館通りにある小さなお茶の専門店TEAPOND。店主の三田祐也さんは大学卒業以来、紅茶一筋。フランス系や国内の紅茶専門会社を経て、この店をオープンした。店内に一歩入ると、お茶の銘柄がずらりと並ぶ壁面、おしゃれな商品が目に飛び込んでくる。そしてお茶やハーブ、フルーツのいい香りに包まれ一瞬で幸せになる。店のシンボルふくろうが描かれた缶や袋、ティーアクセサリー、香りがわかるテイスターのボトルなど、どこを見ても楽しい。

世界中の産地から、三田さんがセレクトした銘茶園の紅茶に、カラフルで香り高いフレーバーティー、果実とハーブが調和したフルーツティー、ヘルシーなハーブティーなど、バリエーション豊かに勢揃い。「毎日の暮らしの中で、お茶の楽しさをお届けするのがTEAPONDの使命です」と三田さん。お茶を購入すると、詳しい説明カードが添えられる。それがコレクションしたくなる楽しさ！

⬆缶のデザインも色々。マーチングバンド、フラワーバードなど名前も楽しい。缶はギフトやお茶の詰め替え用で人気。

⬇商品はサンプルがミニボトルに詰められてディスプレイされ、香りが試せる。

TEAPONDのフレーバーティー

Cherry Parfait
チェリーパフェ

フルーティーで甘いチェリーパフェをイメージ。ベースは穏やかな味のリーフタイプの茶葉、これにベリーと赤やピンクのバラを組み合わせたスイーツのような仕上がり。ストレートティーで、少し濃いめで砂糖やミルクを加えてデザート代わりにも。50g 1512円

Princess Lychee
プリンセスライチ

楊貴妃が愛したといわれるライチの香りを活かしたフレーバー紅茶。ベースは渋味が少なく口当たりの良い中国紅茶を使用。甘くフルーティーなライチと、バラの香りと甘味が隠し味。ストレートティー、アイスティーなど。50g 1512円

Passion Island
パッション アイランド

パッションフルーツとマンゴーという南国果実に、カラフルな花を加えた爽やかでフルーティーな風味。水色はオレンジがかった鮮やかな琥珀色。ホットティー、アイスティーに。50g 1512円

Honey Harvest
ハニーハーベスト

まるでフルーツの蜂蜜漬けのような香り。リンゴやレーズン、チェリーなど数種のドライフルーツを使い、ベースに穏やかな味のリーフタイプのセイロンティーでブレンド。風味を豊かに仕上げた自信作。50g 1512円

＊商品は全て缶入りの価格です。

Earl Gray Blend

フレーバーティー　アールグレイ

フレーバーティーの代名詞、アールグレイ。
その名の由来になったイギリスのグレイ伯爵が愛した柑橘が爽やかに香る。

Earl Gray Authentic オーセンティック

天然ベルガモットの香りと、かすかにスモーキーに香るリーフタイプ中国紅茶の伝統的組み合わせ。ストレートティー、アイスティー、少し濃いめにいれてミルクティーにも。50g 1512円

Earl Gray Blue Bird ブルーバード

天然ベルガモットの香りに、オリエンタルな果実の香りと矢車菊をブレンド。ベースは高原産の紅茶がメイン。青い鳥が舞い降りたような、幸せな香りをイメージしたという。ストレートティー、水出しアイスティーにも。50g 1512円

Earl Gray Royal Milk ロイヤルミルク

牛乳をたっぷり使ったコクのある英国風ミルクティーに最適。ブレンドのベースは、短い抽出時間でもミルクの味に負けないアッサム産CTC茶葉を使用。濃厚な味が好みなら、煮込み式ミルクティーやチャイにも。60g 1404円

*商品は全て缶入りの価格です。

ブレンドティーは
ティータイムストーリー作り

紅茶専門店TEAPOND
代表　三田祐也

　日々、お客様の紅茶選びのお手伝いをしていると、最近、ティータイムを、日々の彩りとして取り入れている方が、増えてきているように感じます。
「たっぷりミルクをいれた紅茶で、一日を始めます」「大きな水筒に作りおいて、いつも仕事中に飲んでいます」「夕食後は、届きたての旬摘みの紅茶を、自分へのご褒美に飲みます」「冬は、このブレンドに生姜を入れて飲むのが好きなんです」などなど。

　お好みの味を伺う中で、お客さま一人一人の、紅茶がある暮らしのワンシーンを思い浮かべます。それは、とても嬉しいひとときです。

　私が新しいブレンドティーやフレーバーティーを作るときは、そういった皆様からお伺いしたティータイムストーリーを、常に思い浮かべます。まずテーマを決め、味わいや香りはもちろんのこと、時間帯や飲み方もイメージしながら、レシピを決めていくのです。

　例えばアールグレイひとつとっても、香りの違いはもちろん、牛乳との相性をテーマにブレンドしたり（目覚めのミルクティーをどうぞ）、アイスティー向きにブレンドしたり（水筒で、ガブガブお飲みください）……。いくつもの紅茶の中から最適な組み合わせを試行錯誤しながら、丁寧に作り上げていきます。

　小さな紅茶屋にとってのブレンドティー作りはある意味、お客様と紅茶屋との共同作業。その賜物が、完成したブレンドと言えるかもしれません。欧米の人々は、一度お気に入りの香水を見つけると、ずっと同じものを使い続けるそうです。紅茶も同じく、「私のお気に入りの紅茶」に、自店銘柄を選んでいただけたら、これほど光栄なことはありません。皆様の暮らしにそっと寄り添った香りとなりますように。私がオリジナルのブレンドティーを作る時は、いつもそんな想いです。

　今度、紅茶屋を訪れた時は、ぜひ、ご自身のお好みの紅茶の味わいや飲み方を、お店の人に伝えてみてください。新しい「お気に入りのブレンドティー」が生まれるきっかけになるかもしれません。

SHOP DATA
TEAPOND清澄白河店
東京都江東区白河1-1-11
TEL 03-3642-3337
営業時間 11:00～19:00
定休日：月曜
（祝日の場合は翌平日）
＊喫茶は無し、販売のみ。
http://www.teapond.jp

SELECT TEA SHOP ❹

THE DARJEELING

ザ・ダージリン

ダージリン地方の80以上の茶園から、選りすぐりを買い付けて販売する紅茶専門店。店内では飲んで味わいを確かめて、茶葉を買って帰ることもできる。ポットではなくテイスティングカップで提供するので、茶園の特徴が引き出され、香りをしっかり確かめることができ、茶葉の広がる様子もわかる。季節のアレンジティーや、紅茶を使ったケーキも充実。オンラインショップでは詳しい茶葉情報とともに多数の商品が紹介されており、選ぶのが楽しくなる。

テイスティングカップ

オリジナルのテイスティングカップ。湯を注いだ時、ポット内の空間が少なく、香りと熱が逃げにくい。紅茶の持つ味を最大限に引き出す。蓋が大きく紅茶の香りがよく広がる。茶葉が捨てやすく、洗うのもラク。1780円

ダージリンティー付きのセットもあり。2680円〜

紅茶を使ったケーキも充実

店内ではシングルオリジンの紅茶だけでなく、紅茶を使ったケーキや、フルーツティーなどのメニューも楽しめる。

ロイヤルミルクティーパンケーキ

紅茶と生クリームをたっぷり使った贅沢なミルクティーを、そのままふわふわのパンケーキに仕上げた逸品。

フルーツティー

オレンジ、桃、ブルーベリーなどのフルーツをたっぷり使ったアレンジティー。サイズもたっぷり。

紅茶とオレンジのザッハトルテ

紅茶の茶葉を焼きこんだスポンジに、甘酸っぱいオレンジマーマレードをサンドし、特製チョコでコーティング。紅茶のマカロンを乗せて。

ダージリンを茶園ごとに販売

キャッスルトン茶園やマーガレッツホープ茶園など、各茶園から直接届く旬の紅茶が揃う。ファーストフラッシュ、セカンドフラッシュをそれぞれ4〜5茶園ずつ、常時販売している(季節で茶園は変動)。通販でも購入できるので、詳細はHPをチェック。

SHOP DATA　THE DARJEELING

神奈川県川崎市麻生区上麻生1-4-1
新百合ヶ丘エルミロード1F
TEL 044-965-3043
営業時間 10:00〜22:00　定休日 ビル休館日
https://www.the-darjeeling.com

SELECT TEA SHOP ❺

PREMIER'S Tea Boutique Marunouchi

プリミアス ティー ブティック 丸の内

東京駅の目の前、丸の内にある丸の内ビルディング内にあるお店では、ダージリン、アッサム、ニルギリをはじめ、インド紅茶を中心とした鮮度の高いお茶を販売。お茶のエキスパートに相談しながら、量り売りでも買えるので、お気に入りの紅茶を見つけるチャンス。また紅茶を使ったスイーツも豊富に揃う。

現在会長を務めるハムスクＡ シャー氏が、「一人でも多くの人にインド紅茶の素晴らしさを伝えたい」という情熱をもち、たった一人で来日して始めた紅茶ビジネス、それがプリミアス ティーの始まりである。1988年のブランド創設以来、シャー氏はどこへ行くにも、お気に入りの“マイ・ティー”を持参し、行く先々でふるまっては、世界中の人々を笑顔にしてきた。2000年には会社「プリミアスティージャパン」を設立し、今ではヨーロッパ、中国、中近東など20カ国以上で展開している。最高品質の紅茶をブレンドできる自社工場が国内にあり、経験豊富なティーテイスターによる、日本のトレンドを意識した新しいブレンドも開発。某大手コンビニエンスストアのプライベートブランド紅茶の開発にも協力しており、日本の紅茶の品質向上にも一役買っていると言えよう。東京・丸の内の店舗のほかに、オンラインショップも充実しているので、全国で入手が可能だ。

厳選したインド紅茶やオリジナルブレンド、ギフトにもぴったりなシルバーマジックティーワンズ(p.25参照)など、オンラインショップで購入できる商品のラインナップも充実。全国どこからでも取り寄せることができる。
https://www.premierstea.com/

本格チャイは代表自らレシピを伝授

本場インドのおいしいチャイが作れると評判の紅茶は、「アッサムCTC」「ピュアマサラチャイ」の茶葉やティーバッグ商品と、8倍濃縮のリキッドタイプ「ロイヤルミルクティー用濃厚紅茶」があり、いずれも手軽に本格チャイが楽しめる。HPではチャイとマサラチャイの作り方を、代表自らが解説する動画も紹介しており、初めて作る方でもすぐにおいしいチャイを作ることができる。

ピュアマサラチャイ 50g 1026円

厳選茶葉とオリジナルブレンドが充実

ダージリン、アッサム、ニルギリのインド3大紅茶はもちろん、オーガニックティーやフレーバーティーなど、さまざまなオリジナルブレンドティーがラインナップされている。鮮度を保つため缶はプルトップを採用、ティーバッグも適切な加工をするなど、おいしい紅茶を届けるための工夫が随所に見られる。

オリジナルキャディー
ダージリンティー
50g 1782円

コンチネンタルセレクション
イングリッシュブレックファーストティー 864円

ギフトにもおすすめのオリジナル商品がいっぱい

2020ダージリン3種飲み比べセット
7776円

高品質の紅茶は贈り物にも最適。シルバーマジックティーワンズや、ティーバッグのセットなど、パッケージの美しさにもこだわった商品も豊富。左は、2020年のダージリンの春摘み、夏摘み、秋摘みの3種類を飲み比べられる贅沢なセット。紅茶好きを虜にする嬉しいギフトだ。

SHOP DATA
PREMIER'S Tea Boutique Marunouchi
東京都千代田区丸の内2-4-1
丸の内ビルディングB1F　TEL 03-6206-3206
営業時間　11:00～21:00　日祝 11:00～20:00
※連休の場合は最終日のみ日曜祝日の営業時間となります。
https://premierstea.jp/

ホテルで紅茶を楽しむ アフタヌーンティー

1840年代、イギリス上流階級の貴婦人たちの間で広まったアフタヌーンティーの習慣は、観劇やオペラの鑑賞で遅くなりがちなディナーまでの間の腹ごしらえだったともいわれている。日本国内の一流ホテルのラウンジでも、スコーンやサンドイッチ、ケーキが上品に並べられた3段重ねのティースタンドを囲んで、午後のひとときを楽しむ女性たちでにぎわっているが、最近では厳選されたエリアティーやブレンドティーを和菓子やフィンガーフードと合わせる新趣向のアフタヌーンティーも登場。紅茶とフードの組み合わせや茶器のセレクションを話題に、一流ホテルの優雅なホスピタリティを気軽に楽しめるアフタヌーンティーは、今や大切な人とのパーティーやビジネスシーンの社交場としても、注目を集めている。

※営業時間等が変更になる場合があります。詳しくはHPでご確認ください。

都心を一望しながら堪能できる英国式アフタヌーンティー

01 帝国ホテル 東京 インペリアルラウンジ アクア

ラウンジからひと言

本館17階に位置する「インペリアルラウンジ アクア」は、日比谷公園などの景色を眺めながら、本格的な英国式アフタヌーンティーをお楽しみいただけます。パティシエの創る華やかなスイーツや季節のセイボリー、ホテル内のベーカリーで焼き上げたスコーンなどをご用意しております。紅茶、ハーブティー、コーヒーに加え、オリジナルのアイスティーなど、お好みのものをお選びいただき、他の茶葉やお飲み物の種類へのご変更も可能です。上質でゆったりとした空間のラウンジで、優雅な時間をお過ごしください。

紅茶の種類

インペリアルブレンドティー、アッサム、ディンブラ、ウヴァ、アップル、アールグレイ、ハーブティー（カモミール、サンテ、ママン、ボヌール、タンドレス）、ダージリン

茶器

ノリタケ
（帝国ホテルオリジナルデザイン）

◇茶葉の取り換え可能
◇内容は変更する場合あり

HOTEL DATA

東京都千代田区内幸町1-1-1　☎03-3539-8186
https://www.imperialhotel.co.jp/
アフタヌーンティーの提供時間　11:30〜18:00（L.O.）

オリジナルティーからフレーバードティーまで充実の茶葉が揃う

02 シャングリ・ラ ホテル 東京
ザ・ロビーラウンジ

ティーラウンジからひと言

シャングリ・ラ　ホテル　東京の28階に位置する「ザ・ロビーラウンジ」は、東京の大パノラマを望める贅沢な空間です。シャンデリアが煌めくエレガントなインテリアをお楽しみいただきながら、本格的なアフタヌーンティーで、優雅な午後のひと時をお過ごしいただいております。数カ月ごとに変わる季節の素材を使用したアフタヌーンティーが大人気。ぜひご堪能ください。

紅茶の種類

オリジナルヒマラヤン ブレンド、イングリッシュ ブレックファースト、オーガニック ダージリン、アッサム ゴールド、アールグレイ、ガーデン オブ エデン、オーガニック エジプシャン カモミール、オーガニック アプリコット エスケープ、チョコレート モンキー、パシフィック コースト ミント、フレンチ レモン ジンジャー、ラズベリー ネクター、ハッピー、アイスティー（レモン／ミルク）

◇アフタヌーンティーは混み合う週末などは時間制になる場合あり
◇茶葉の取り換え可能
◇内容は変更する場合あり

HOTEL DATA

東京都千代田区丸の内1-8-3 丸の内トラストタワー本館　☎03-6739-7888
https://www.shangri-la.com/jp/tokyo/shangrila
アフタヌーンティーの営業時間　14:30～17:30（平日）　13:00～17:30（週末・祝日）

優雅な空間で歴史あるアフタヌーンティーが体験できる

03 ザ・ペニンシュラ東京
ザ・ロビー

ティーラウンジからひと言

ザ・ペニンシュラ東京の「ザ・ペニンシュラアフタヌーンティー」は、1928年に開業したザ・ペニンシュラホテルズの旗艦ホテル、ザ・ペニンシュラ香港の歴史を引き継ぐ伝統的なシグネチャーの一つです。他では味わえない自家製スコーンと自由に好きなだけ茶葉を変えられるティーセレクションとともに、バードゲージ型スタンドにのったセイボリー、スイーツ各6種がいただけます。明るく開放的な空間で、バルコニーから奏でられる生演奏をBGMに、優雅なひと時をお楽しみいただけます。

HOTEL DATA
東京都千代田区有楽町1-8-1 1F
☎03-6270-2888（代表）
https://www.peninsula.com/ja/tokyo/hotel-fine-dining/the-lobby-afternoon-tea
アフタヌーンティーの営業時間 11:30～21:00

紅茶の種類

クラシックセレクション（ザ・ペニンシュラ東京ブレンドティー、ザ・ペニンシュラ東京アフタヌーンティー、ザ・ペニンシュラ東京ブレックファストティー、アッサム、マスカット、ジャスミン、カフェインレスティー）

＊ザ・ペニンシュラ東京ブレンドティーは、香り高いダージリンと豊かなコクのアッサムを力強くバランスさせたオリジナルブレンド。ストレート、レモン、ミルクに対応可能。ザ・ペニンシュラ東京ブレックファストティーは、コクの強いアッサム紅茶をベースにスリランカ紅茶をブレンド。

オーガニック1896、オーガニック ダージリン、オーガニック アールグレイ、オーガニック モロッカンミント、オーガニック ココナッツカカオプーアル、オーガニック フレンチレモンジンジャー、オーガニック ハイビスカスクーラー、オーガニック ラズベリーネクター、オーガニック エジプシャンカモミール

茶器

ヴィレロイ&ボッホ

◇アフタヌーンティーの時間制限はなし
◇茶葉の取り換え可能
◇内容は変更する場合あり

12種類の紅茶セレクションとともに季節の味覚が味わえる

04 ザ・リッツ・カールトン東京
ザ・ロビーラウンジ

ティーラウンジからひと言

「ザ・ロビーラウンジ」のアフタヌーンティーでは、45階からの壮大な眺めを、ピアノの生演奏とともに楽しめます。ホテルオリジナルのモダンなティースタンドにて提供される季節のスイーツとセイボリーをご用意してお待ちしております。さらに12歳までのお子様には“キッズアフタヌーンティー”もご用意しておりますので、お子様とともにくつろぎながら、洗練された雰囲気をお楽しみいただけます。

紅茶の種類

ウバ、イングリッシュ ブレックファストティー、オリジナルブレンドティー、フレーバーティーはアールグレイなどの12種。

茶器

NIKKO

◇アフタヌーンティーは2時間制
◇茶葉の取り換えあり
◇内容は変更する場合あり

HOTEL DATA

東京都港区赤坂9-7-1 東京ミッドタウン ☎03-3423-8000
https://lobbylounge.ritzcarltontokyo.com/
アフタヌーンティーの営業時間 12:00〜17:00

選りすぐりのセイボリーとともに楽しめるアフタヌーンティー

05 マンダリン オリエンタル 東京

オリエンタルラウンジ

ティーラウンジからひと言

38階のホテル最上階に位置するオリエンタルラウンジでは、東京の大パノラマを眺めながらモダンな東洋の美学が織りなす空間で本格的英国式アフタヌーンティーがお楽しみいただけます。選りすぐりの素材を吟味して作られたセイボリー、2種のスコーンにエグゼクティブペストリーシェフ自慢のジャム、上品なプチフール。お飲み物はお客さまのお好みやスイーツとの相性にあわせてカップでご提供しております。コーヒー、紅茶合わせて約20種を、お好きなだけお楽しみいただけます。

HOTEL DATA
東京都中央区日本橋室町2-1-1
☎03-3270-8800
http://www.mandarinoriental.co.jp/tokyo

紅茶の種類

マンダリン オリエンタル 東京 セレクション：マンダリン オリエンタル ブレンド（中国福建省産最高級烏龍茶に、ベルガモット／柑橘系の香り付け）、エキゾチックオーチャード（烏龍茶とプーアール茶をブレンドし、ライチの香り付け）、フレーバーティー（オランジュショコラ、モーリシャス ヴァニラ、ラベンダー、ホワイトサングリア）、ロイヤルミルクティー（ロイヤルミルクティー、シーズナルロイヤルミルクティー）、トラディショナルティー（アッサム、セイロン、ダージリン、アールグレイ）、ハーブブレンドティー（ローズヒップ、ハーブブレンド、カモミール）などの約20種類。

＊紅茶はアイスティーでも提供可能。

茶器

リモージュ焼きのレイノー

◇アフタヌーンティーは週末と平日共に2時間制
◇紅茶はカップサービスで提供
◇内容は変更する場合あり

季節の景色が楽しめる庭園を望むティータイム

06 セルリアンタワー東急ホテル
ガーデンラウンジ 坐忘

ティーラウンジからひと言

開放感のある空間で、季節によって様々な景色が楽しめる「閑坐庭」を眺めながらゆっくりと過ごすことができます。坐忘のアフタヌーンティーは約30種類あるドリンクが2時間、フリードリンクとなるのが魅力的(お席のご利用は3時間)。アフタヌーンティーセット「トゥール・ド・アンサンブル」は、3段のスタンドにスイーツ、クリームやジャムを添えたスコーンの他、サンドイッチ類も充実しています。

紅茶の種類

セイロン(ヌワラエリヤBOP、セイロン ウバBOP)、アフリカンモーニング、ダージリン、アールグレイ、アッサムCTC

茶器

ニッコー ボーンチャイナ、ノリタケ、ロンネフェルト

◇アフタヌーンティーは3時間制
◇茶葉の取り換え可能

HOTEL DATA

東京都渋谷区桜丘町26-1　☎03-3476-3439(坐忘)
https://www.tokyuhotels.co.jp/cerulean-h/restaurant/zabou/index,html
アフタヌーンティーの営業時間　11:00～17:00

究極の茶園の茶葉をとり揃えたこだわりのティーラウンジ

07 パーク ハイアット 東京
ピーク ラウンジ

ティーラウンジからひと言

41階に位置する、自然光がふりそそぐ開放的な空間でアフタヌーンティーを楽しめます。スコーンやサンドイッチなどを盛り合わせた伝統的な英国式アフタヌーンティーセットに加え、バラエティ豊かなシェフ特製プティデザートとフィンガーフードをお好きなだけお召し上がりいただけます。また、完全無農薬栽培のマカイバリ茶園をはじめ、豊富なラインナップの紅茶やお飲み物も、種類を替えてお楽しみください。

HOTEL DATA

東京都新宿区西新宿3-7-1-2
☎03-5323-3461（ピーク ラウンジ）
restaurants.tokyo.park.hyatt.co.jp
アフタヌーンティーの営業時間
14:00～17:00（土日祝日は正午より）

紅茶の種類

ダージリン（マカイバリ茶園「初摘みDJ－1」2020、ティースタバレー茶園春摘み 2018、リッシーハット茶園 夏摘み 2018、ナムリングアッパー茶園夏摘み 2017、マカイバリ茶園 秋摘み 2019）、アッサム（マンガラム茶園2019）、ヌワラエリア（コートロッジ茶園 2017）、ウバ（セントジェームズ茶園2016）、ブレンド（インド産ダージリン アッサム スリランカ産のブレンド）、アールグレイ（南インド産ハイレンジティーをベースにピュアベルガモットオイルで香り付け）、デカフェ アールグレイ（スリランカ産カフェインレスセイロンにベルガモットオイルで香り付け）

＊ハーブティーや日本茶もあります。

茶器

オリジナルデザイン

◇アフタヌーンティーは混み合う週末などは時間制になる場合あり
◇茶葉の取り換え可能

日本紅茶協会のお墨付き! おいしい紅茶の飲める店

08 ホテル阪急インターナショナル ティーラウンジ「パルテール」

ティーラウンジからひと言

おすすめのスイーツ・ドリンクとともに、憩いのひとときをどうぞ。アフタヌーンティーセット“Supreme”では、「JING TEA」がフリーフローで楽しめる紅茶や、トリュフデザートなど当店自慢の季節のスイーツや小菓子で、ワンランク上の味わいをお楽しみいただけます(1日限定数あり。税・サービス料込み5500円)。テーマは季節ごとに変わり、たとえば春のシーズンでは苺タルトやムース、大福など“和洋”の苺デザートが楽しめます。

HOTEL DATA
大阪府大阪市北区茶屋町19番19号
☎06-6377-3631
http://www.hhi.co.jp
アフタヌーンティーの提供時間
10:30〜19:00(L.O.)

紅茶の種類

紅茶9種類:ダージリン、アッサム、アールグレイ、ウバ、ニルギリ、ヌワラエリア、ロイヤルブレンド、セイロンディンブラ、セイロンオレンジペコ
フレーバーティー7種類:アップル、ブルーベリー、キャラメル、ピーチ、マサラチャイ、ハニーバニラ、ルイボスティー
ハーブティー3種類:カモミール、ローズ、ハイビスカス
バリエーションティー2種類:ロイヤルミルクティー、シナモンミルクティー
JINGティー6種類(Supremeのみ)

茶器

ノリタケ、ニッコー、ナルミ、スポード
◇アフタヌーンティー(Supreme)は、茶葉交換可によるフリーフロー(コーヒー7種類もフリーフロー)
◇内容は変更する場合あり

ホテル12階で味わうティーリーブスの紅茶

09 セント レジス ホテル 大阪
セントレジスバー

ティーラウンジからひと言

桃山時代をコンセプトにした店内は、深い青緑色のパネルの壁が美しく、洗練されたインテリア。午後の柔らかい日差しが差し込むサロンのような空間で、ホテルメイドのシーズナルスイーツやセイボリーを、紅茶やコーヒー、シャンパンなどとともに優雅にお愉しみいただけます。アフタヌーンティーのメニューは、2〜3カ月ごとにテーマが変わり、有名ブランドとのコラボなど楽しい企画を開催することもあります。

紅茶の種類

日本ではまだ珍しいティーリーブスの紅茶を提供。
ゴールデン ティッピーアッサム、サンダーボルト ダージリン、インペリアル イングリッシュブレックファースト、フラワリーアールグレイ、セントレジスブレンド、マサラ ブラックティーチャイ

◇茶葉は、別の種類でも何度でも交換可
◇アフタヌーンティーと同じものを、テイクアウトBOXでも販売
◇内容は変更する場合あり

HOTEL DATA

大阪府大阪市中央区本町三丁目6番12号　☎06-6105-5659（レストラン予約）
http://www.stregisosaka.co.jp
アフタヌーンティーの営業時間　12:00〜17:00(L.O.)

グランフロント大阪の高層階で優雅なティータイムを

10 インターコンチネンタルホテル大阪 ラウンジ 3-60（スリーシクスティ）

ティーラウンジからひと言

20階フロント横に位置し、天地に広がる大きな窓から望む大阪市街の景色が印象的な、居心地の良いラウンジです。高級ティーブランドによるオリジナルブレンドティーと共に、スーツケースをイメージしたインターコンチネンタルホテル大阪オリジナルボックスで、季節のアフタヌーンティーセットをお楽しみいただけます。午後の優雅なひと時をお過ごしください。

HOTEL DATA

大阪府大阪市北区大深町3-60
グランフロント大阪北館タワー C
☎06-6374-5700（代表）
https://www.icosaka.com/
アフタヌーンティーの営業時間
12:00～18:30（3部制）
1部 12:00～14:00
2部 14:00～16:00 または14:30～16:30
3部 16:30～18:30

紅茶の種類

インターコンチネンタルホテル大阪 オリジナルブレンド、インターコンチネンタルホテル別府 オリジナルブレンド、ブレックファーストアールグレイ、イングリッシュブレックファースト、ロイヤルダージリン、バニラブルボン、カモミール、ウーロンプレステージ、本日のおすすめ紅茶、アイスティーなど、シンガポールで創業した高級ティーブランドTWG TeaのTWG ファインティー約10種。
「インターコンチネンタルホテル大阪 オリジナルブレンド」は、セイロンティーをベースにした豊かな香りとアップルやストロベリーのフルーティーな味わいが特徴で、1階パティスリーSTRESSEDで購入も可。

茶器

TWG Teaのティーポット、NARUMIのインターコンチネンタルホテル大阪オリジナルカップ&ソーサー

◇2時間制（90分ラストオーダー）
◇茶葉の取り換えや、紅茶の種類は変更可能
◇内容は変更する場合あり

日本初上陸のホテルでパリのエスプリを感じるティータイム

11 フォションホテル京都
Salon de Thé Fauchon（サロン ド テ フォション）

ティーサロンからひと言

「サロン ド テ フォション」の店内は、さりげなくピンクを配するなど、パリと京都がエレガントに融合する、日常とは一線を画したくつろぎの空間が広がります。フォションホテルパリで人気の「アフタヌーンティー」は京都バージョンで登場。他にも人気のシグネチャースイーツやマカロン、京都の夜をイメージした限定フレーバーティーなどをご用意。フォション自慢の紅茶とスイーツで時間を忘れてゆっくりとご堪能ください。

紅茶の種類

ハーブティーやフレーバードティー含むフォションの紅茶23種

茶器

南部鉄器のポット、
フランス製のカップ＆ソーサー

◇予約制／2時間制
◇内容は変更する場合あり

HOTEL DATA

京都府京都市下京区難波町406　☎075-751-7711
https://hotelfauchonkyoto.com/
アフタヌーンティーの提供時間 11:00〜17:00

紅茶の用語集（五十音順）

【あ】

[アッサム]
インド北東端部の地名。ブラマプトラ大河の流域に広がり、ミャンマーやブータンと接する。世界最大の紅茶産地。アッサム種の原産地。水色が濃くコクがあり、ミルクティーに向く。

[アッサム種]
カメリア・シネンシス・アッサミカ。19世紀に、インドのアッサム地方で見つかった自生品種。樹高10mにもなる高木で、葉が大きい。高温多湿な地域で育つ。葉に含まれる酵素が多いので発酵しやすく紅茶向き。

【い】

[萎凋(いちょう)]
茶葉を萎（しお）らせること。摘んできた茶葉を網の上に広げて干し、水分を蒸発させる作業。萎凋の水分調節により、発酵の程度やスピードをコントロールできる。地味だが重要な作業。

[一芯二葉]
まだ葉が開いていない尖った形の芯芽。その芯芽と下2枚の新しく柔らかい葉が一芯二葉。上質紅茶はここを摘む。

【う】

[ウバ]
スリランカを代表する紅茶の産地。ダージリン、キームンとともに「世界三大紅茶」と称される。

【お】

[オーソドックス製法]
紅茶の伝統的な製法のひとつ。茶葉を摘み（摘採）、水分を適量まで減らし（萎凋）、揉んで酵素を活性化させ（揉捻）、発酵させ、乾燥させるという工程を経て作られる。

[オータムナル]
ダージリン地方・アッサム地方で秋（9〜11月）に摘まれた紅茶。一年で最後の紅茶の旬で、秋摘み紅茶とも。

[オレンジペコ]
紅茶の葉の芯芽のすぐ下にある1枚目の葉。

【か】

[乾燥]
発酵中の茶葉の温度を上げて発酵をストップ。水分を減らし保存しやすくする。発酵が進み過ぎると色が黒ずみ、味も悪くなるのでタイミングが重要。

【き】

[キームン]
中国安徽省祁門県で作られる紅茶で、ダージリン、ウバとともに「世界三大紅茶」と称される。渋味が少なく、スモーキーな甘い香りがある。英国で好まれる。

【く】

[クオリティシーズン]
最も上質の茶葉が収穫される季節。標高や気候、季節風などが大きく影響する。ダージリンは春、夏、秋。ケニアは一年中。

[クリームダウン]
アイスティーなど紅茶を冷たくしたときに起こる、白く濁ったミルクを入れたような状態のこと。茶葉のタンニンとカフェインが結合して起こる現象。

[グリニッシュ]
ファーストフラッシュなど、緑がかった葉の爽やかな味と香りの紅茶を指す。

[グレード]
等級。茶葉の大きさや形状などの特徴から、ホールリーフ、ブロークンリーフなどと決められる。

[クローン(クローナル種)]
優良品種の茶樹を挿し木で増やすこと。収穫量が多い、品質が高い、病害虫に強いなど、同じ遺伝子を持つ茶樹だけの茶畑になり、生産性が高い。

【こ】

[紅茶]
原料の茶葉は日本茶、烏龍茶と同じツバキ科のカメリア・シネンシス。生葉を萎(しお)らせて揉んで、完全発酵で仕上げるお茶。

[ゴールデンティップ]
ある程度の強さで揉み込んで乾燥させることで、表面が黄金色になった芯芽を指す。

[国産紅茶]
日本で生産された紅茶。「和紅茶」「地紅茶」などと呼ばれることもある。

【し】

[CTC製法]
紅茶の代表的な製法のひとつ。オーソドックス製法の「揉捻」の代わりにCTC工程が入る。

[CTC茶]
コロコロと丸い紅茶。Crush(押しつぶす)Tear(引き裂く)Curl(丸める)の略。抽出が早く、味と色が濃く、チャイやミルクティー向き。

[揉捻(じゅうねん)]
茶葉を揉んで細胞を壊す作業。これにより酵素が働くようになって発酵がおこる。機械で揉むが、ごく一部に手揉みもある。

[シルバーティップ]
茶葉の先端にある葉が開く前の産毛に包まれた銀色の芯芽。一芯二葉の芯にあたる。

[シングルオリジンティー]
産地や茶園、品種などが単一な紅茶。

[芯芽]
まだ葉が開いていない尖った状態の芽。

【す】

[水色(すいしょく)]
紅茶の茶液の色。

[スーチョン]
紅茶の葉の上から5枚目、ペコ スーチョンのすぐ下にある葉を指す。

【せ】

[セイロン]
スリランカの旧国名。18世紀後半までコーヒーの産地だったが、コーヒー葉の病気で生産が下火になり、紅茶生産が始まった。標高の高い順にハイグロウン、ミディアムグロウン、ローグロウンと分類される。

[世界三大紅茶]
誰が言ったか三大紅茶。ダージリン、キームン、ウバをそう呼ぶことがあったが、根拠は不明。

[セカンドフラッシュ]
ダージリン地方・アッサム地方で夏(5～7月初旬)に摘まれた紅茶。一年で2番目の紅茶の旬で、夏摘み紅茶とも。

【た】

[ダージリン]
チベット語で「雷の地」。ヒマラヤ山脈。カンチェンジュンガのお膝元。中国以外で唯一、中国種の栽培に成功した。

[ダスト]
オーソドックス製法で作られた紅茶の分類のひとつで、茶葉をふるいで分けたときに、下に落ちた粉末状の茶葉。ティーバッグに使用される。

【ち】

[着香茶]
フレーバードティーのこと。

[チャノキ]
学名はカメリア・シネンシス。中国原産の葉の小さい中国種と、インド・アッサム地方に自生する葉の大きいアッサム種の2系統がある。

[中国種]
カメリア・シネンシス・シネンシス(Camellia Sinensis var.sinensis)。中国で紀元前から知られる茶樹で、標高が高い冷涼な土地で育つ。

【て】

[ティーエステート]
茶園のこと。

[DJ-1]
ダージリン地方の茶園で、その年度、最初に摘まれた一番茶で、最初に出荷された紅茶のこと。

[ティップ(チップ)]
紅茶の葉の最上部の芯芽を指す。紅茶の葉は上から順に5枚目まで、名前が付けられている。

[摘採(てきさい)]
茶摘みのこと。世界的にみて紅茶は手摘みが多い。乱暴に摘むと新芽が出なくなることもあるデリケートな作業。

【に】

[ニルギリ]
アッサム、ダージリンと並ぶインド三大産地。「ニルギリ」は現地語で青い山のこと。つまり紅茶の「ブルーマウンテン」。

【は】

[ハイグロウン]
スリランカ産の紅茶の分類のひとつで、製茶工場のある場所の標高が、4000フィート以上(高地産)。

[ハイブリッド種]
交配種ともいう。中国種とアッサム種のかけ合わせ。中国種の傾向が強いと中国交配種。アッサム種の傾向が強いとアッサム交配種になる。

[発酵]
緑色の茶葉が成分の酸化で赤くなること。茶葉自身が持つ酵素が引き起こす酸化反応。カテキンが赤いタンニンになる。

【ふ】

[ファニングス]
オーソドックス製法で作られた紅茶の分類のひとつで、カットしたオレンジペコの、粗い粉茶。ブロークンリーフよりも細かくカットされ、ティーバッグに使用される。

[ファーストフラッシュ]
ダージリン地方・アッサム地方で春(3〜5月初旬)に摘まれた紅茶。一年で最初の紅茶の旬で、春摘み紅茶とも。

[フレーバーティー]
フレーバードティーともいう。茶葉に花や果皮、スパイスなどで香り付けしたものや、精油や香料などで香り付けしたものも。

[ブロークンリーフ]
オーソドックス製法で作られた紅茶の分類のひとつで、カットしたオレンジペコ。ホールリーフの芯芽、葉をカットしたもの。

【へ】

[ペコ]
紅茶の葉の上から3枚目、オレンジペコのすぐ下にある葉を指す。チップ、オレンジペコ、ペコの3枚を「一芯二葉」という。

[ペコ スーチョン]
紅茶の葉の上から4枚目、ペコのすぐ下にある葉を指す。

[べにふうき]
日本の紅茶専用品種のひとつ。アッサム雑種「べにほまれ」を母に、ダージリン系「枕Cd86」を父に交配された組み合わせから誕生。

[べにほまれ]
日本で初めての紅茶専用品種。多田元吉がインドから持ち帰った多田系印度雑種から選抜されて育成。

【ほ】

[ホールリーフ]
オーソドックス製法で作られた紅茶の分類のひとつで、カットしていないオレンジペコを意味する。

【ま】

[マスカテルフレーバー]
マスカットのような香りとも称される、爽やかでフルーティーな香り。ダージリンの夏摘みセカンドフラッシュなどに感じられ、「シャンパンフレーバー」といわれることも。

【み】

[ミディアムグロウン]
スリランカ産の紅茶の分類のひとつで、製茶工場のある場所の標高が、2000〜4000フィート（中地産）。

【や】

[やぶきた]
静岡で誕生した日本を代表する緑茶用品種。国産紅茶の多くはこの品種から作られている。

【り】

[リーフティー]
オーソドックス製法で仕上げた紅茶。茶葉を揉んでから撚ってつくる。細長い形状の茶葉で、繊細な風味がある。

【ろ】

[ローグロウン]
スリランカ産の紅茶の分類のひとつで、製茶工場のある場所の標高が、2000フィート以下（低地産）。

索 引（五十音順）

TEA TASTING SHEET

DATE　　　.　　.

製品名

茶園名

国・エリア

摘採時期

グレード

飲み方

使用水

購入店

価格

TASTE CHART
テイストチャート

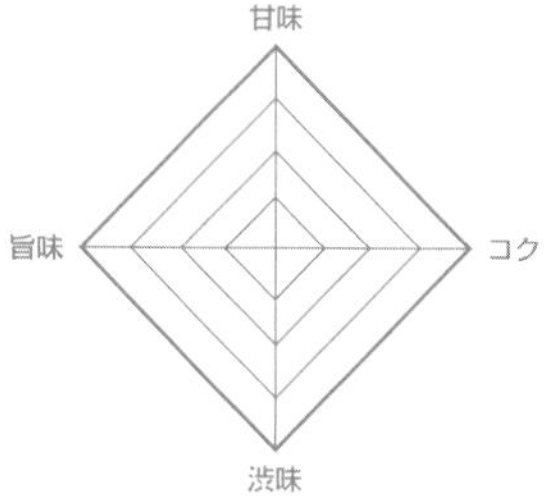

AROMA CHART
アロマチャート

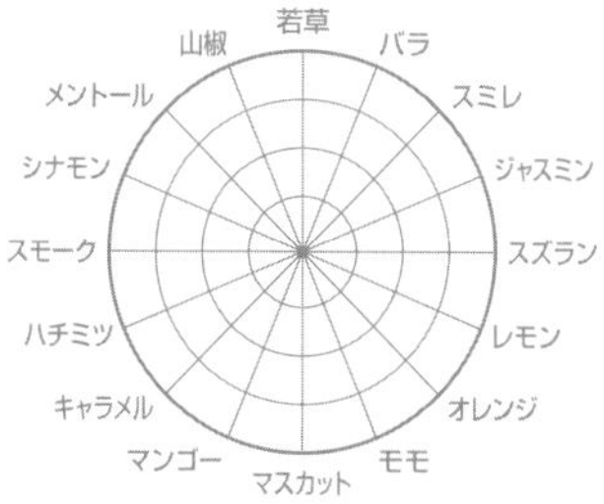

COLOR CHART カラーチャート

金色	山吹色	淡い橙色	橙色	赤橙色	濃赤色	茶色

MEMO

お問い合わせ先

● Aoyama Tea factory	☎ 03-5577-2869
● 大倉陶園	☎ 045-811-2185
● オーサワジャパン	☎ 03-6701-5900
● きつき紅茶	☎ 0978-63-3704
● 健一自然農園	☎ 0743-56-3313
● 紅茶専門店 TEAPOND	☎ 03-3642-3337
● 桜野園	☎ 0966-67-1715
● THE DARJEELING	☎ 044-965-3043
● Selectea(セレクティー)	☎ 054-273-2250
● 月ヶ瀬健康茶園	☎ 0743-92-0739
● tastea(テイスティー)	☎ 0566-22-7933
● 西製茶所	☎ 0853-72-6433
● 日本ケニア交友会 東京事務所	☎ 03-3702-0234
● ノリタケカンパニーリミテド 食器のお客様相談室	0120-575-571
● プリミアスティージャパン	☎ 03-5952-6257
● 豊好園	☎ 054-396-3336
● Makaibari Japan	☎ 03-5942-8210
● 丸子紅茶	☎ 054-259-3798
● 丸直製陶所	☎ 0572-57-6433
● MITSUTEA(ミツティー)	☎ 045-263-6036
● Leafull(リーフル)	☎ 03-5307-6890

参考文献

『紅茶 味わいの「こつ」理解が深まるQ&A89』
川﨑武志、中野地清香、水野 学(柴田書店)

『ダージリン茶園ハンドブック
The Complete Guide to DARJEELING TEA GARDENS』
ハリシュC.ムキア(R.S.V.P.)

参考URL

経済産業省 工業統計調査 品目別統計表(2019年確報)
https://www.meti.go.jp/statistics/index.html
尾張旭市観光協会 http://owariasahishi.com/
紅茶の会 https://kouchanokai.jimdofree.com/

執筆・構成　山本洋子

執筆　藤嶋亜弥
羽生美香

協力　石井道子(Makaibari Japan)
聞谷正人(Selectea)
中永美津代(MITSUTEA)
三田祐也(紅茶専門店 TEAPOND)
山口高史(tastea)
山田 栄(Leafull)

撮影　伏見早織(株式会社世界文化ホールディングス)
中島里小梨(株式会社世界文化ホールディングス)

写真　久保田彩子

装丁・本文デザイン　伊藤幸恵

校正　株式会社ヴェリタ

編集　丸井富美子(株式会社世界文化ブックス)

DTP 製作　株式会社明昌堂

※本書は『厳選紅茶手帖』(2015年刊)の内容を改訂、新規ページを加えた新版です。

新版 厳選紅茶手帖

発行日　2021年6月30日　初版第1刷発行

発行者　竹間 勉
発行　株式会社世界文化ブックス
発行・発売　株式会社世界文化社
〒102-8195　東京都千代田区九段北4-2-29
電話　03(3262)5118(編集部)
03(3262)5115(販売部)

印刷・製本　凸版印刷株式会社

ISBN 978-4-418-21306-1

本書編集ページに掲載されている情報は、2021年5月31日現在のもので、諸事情により変更されることがあります。あらかじめご了承ください。紹介している商品はすべて税込み価格となります。